Theophan Beierle OCD
Ein Weg für alle – Therese von Lisieux

Theophan Beierle

Ein Weg für alle – Therese von Lisieux

Kaffke-Verlag · Aschaffenburg

1. Auflage 1981
2. unveränderte Auflage 1985

© 1985 Verlagsgesellschaft Gerhard Kaffke mbH, Aschaffenburg
Alle Rechte, auch die des auszugsweisen Nachdrucks,
der fotomechanischen Wiedergabe
und der sonstigen Auswertung, vorbehalten.
Herstellung: Funk-Druck, Eichstätt
Printed in Germany
ISBN 3-87391-029-2

Inhalt

Vorwort 7

I. WEG FÜR ALLE
   1. Experiment mit Gott 9
   2. Thereses Eltern 13
   3. Therese und die Heilige Schrift 16
   4. Unvollkommen 20
   5. Schwach 23
   6. Blickrichtung des Kindes 26
   7. Der kleine Weg 29
   8. Vertrauen 33

II. MIT JESUS IM ALLTAG LEBEN
   1. Gott in uns 35
   2. Stilles Verweilen 37
   3. Immerwährendes Beten 39
   4. Gebet und Arbeit 41

III. KLEINE SCHRITTE
   1. Frohsein vor Gott 44
   2. Im Heute leben 46
   3. Freude bereiten 47
   4. Liebe einüben 50

IV. WERKZEUG DER ERLÖSUNG
   1. Hinführung der Menschen zu Gott 53
   2. Heiligung der Priester 57
   3. Für die Nicht-Glaubenden dasein 60
   4. Schwester und Wegbegleiterin 63

V. Literatur 66

Vorwort

Hans Urs von Balthasar sagt über Therese von Lisieux: „Die großen Heiligen sind zweifellos Signale, die der Heilige Geist in die Geschichte der Kirche hineingibt, um ihr theologisch und praktisch den Weg zu weisen, den sie selber anders gewählt oder beinah verfehlt hätte. Sie sind deshalb, weltlich gesehen, unerwünschte, ungeliebte, unzeitgemäße, oft auch wenig oder zu spät (erst nach ihrem Tod) befolgte Signale. Kanonisierungen sind oft ein Mittel für die Kirche, die Winke des Heiligen Geistes zu archivieren" (Geist und Leben, 52. Jg. 1979, S. 376).
Leben und Lehre Thereses von Lisieux sind Signale, die jenen, die auf sie achten, einen lebendigen Weg zu Gott und ihren Mitmenschen aufzeigen. Thereses Spiritualität im Karmel von Lisieux Ende des 19. Jahrhunderts war neu, unzeitgemäß. Therese wurde in ihrem Kloster von wenigen verstanden, auch der Hausgeistliche betrachtete ihre Gedanken als gefährlich und kühn. Therese ahnte vor ihrem Sterben, daß ihr innerer Weg, den sie auf Wunsch ihrer leiblichen Schwestern in kleinen Heften niedergeschrieben hatte, für viele bedeutsam werden würde. Ihre Schriften bieten keine ausgearbeitete mystische Lehre im traditionellen Sinn. Sie sind eher ein Stammeln von Gottes Erbarmen, ein Maßnehmen am Evangelium in einer Umwelt, die die Heilige Schrift kaum las.
Erst nach ihrem Tod hat Therese unzähligen Menschen einen Weg gewiesen, einen Weg lebendiger Liebe zu Christus, der in der Kirche immer wieder in Gefahr ist, verschüttet zu werden. Sie lehrt den Menschen, mit Jesus wie mit einem Lebendigen umzugehen. Mystische Höhenflüge, religiöses Leistungsdenken und einen düsteren, richtenden Gott hinterfragt sie. Gott ist für sie derjenige, der sich über sein Geschöpf erbarmt und es durch Liebe anzieht.
Dieses Buch ist aus einer langjährigen Exerzitientätigkeit über Therese erwachsen, die sich bis Lisieux erstreckt. Zusammen mit

P. Maximilian Breig SJ ist P. Theophan Beierle OCD für das Theresienwerk in Augsburg verantwortlich. Viele Menschen, die bei ihm eine Einübung in das geistliche Leben gefunden haben, werden gerne anhand dieses Buches ihre Erfahrungen vertiefen. Andere können damit für sich Exerzitien machen.

Edith-Stein-Karmel
Tübingen, 2. Januar 1980   Waltraud Herbstrith OCD

I. Weg für alle

1. *Experiment mit Gott*

Vierundzwanzig Jahre lebte Therese im Verborgenen. Dann geriet sie nach ihrem Tod ins Scheinwerferlicht der Kirche. Inzwischen ist die erste Begeisterung abgeebbt. Der Reiz der Neuheit ist vergangen. Ihre Botschaft wurde Allgemeingut. Aber ihr Einfluß ist heute noch spürbar, auch wenn ihr Name seltener erwähnt wird. Es ist wie mit der Hefe, die man in einen Teig mengt. Nach einer gewissen Zeit kann man nicht mehr sagen, hier ist sie oder dort. Therese ist überall.
Große und in unseren Tagen wieder wachsende Anziehungskraft übt sie auch heute noch aus. Man liest ihre Schriften wieder, jährlich erscheinen neue Bücher über sie, man erwähnt sie unter den großen Meistern des geistlichen Lebens.
Im Grunde ist das Leben Thereses das Abenteuer des „Herrn Jedermann". Nachdem der Mensch sich mit mehr oder weniger Begeisterung gemüht hat, aus eigener Kraft ein großer Liebender zu werden, muß er erst einmal seine Ohnmacht erkennen und anerkennen. Dann wird er sich wie Therese mit kindlicher Hingabe dem helfenden Vatergott übergeben. Und er wird erfahren: „Ich vermag alles in dem, der mich stärkt."
Die Pius-Päpste, die theologisch keineswegs zu Überschwänglichkeiten neigten, aber auch alle folgenden Päpste, sagen Erstaunliches über die Karmelitin Therese von Lisieux.
Pius X. nennt sie „die größte Heilige der Neuzeit". Pius XI. spricht sie an als Trägerin einer neuen Botschaft für die Kirche. Pius XII. vergleicht sie mit den größten Neuerern, den kühnsten Wegbereitern, den revolutionärsten Köpfen und Herzen der katholischen Christenheit, mit Augustinus, Franz von Assisi und Thomas von Aquin.
Leider hat man diese Heilige, die sich selber als „klein" im Sinne des Evangeliums bezeichnet, so verniedlicht, verkitscht, uniformiert, daß schon Pius XI. geklagt hat: „Man hat ihre Spiritualität fade gemacht. Sie ist eine männliche Seele, ein großer Mensch."
Therese, die den dreifaltigen Gott „als Gefangenen ihrer Liebe" erklärt und den Menschen als Mitarbeiter Gottes, als Miterlöser

Christi versteht, war vielen ihrer Mitschwestern und vielen Theologen zu kühn, zu gewagt in ihren Aussagen, so daß bis in die jüngste Zeit ihre Briefe, ihre „Geschichte einer Seele", ihre „Letzten Worte" nur mit zahlreichen Korrekturen veröffentlicht werden konnten.

Was vielen Menschen den Zugang zu ihr erschwert, ist ihr behütetes Leben in einem streng katholischen Elternhaus und vom 15. Lebensjahr an in einem beschaulichen Kloster. In der Tat führte Therese ein scheinbar weltabgeschiedenes, völlig verborgenes und, nach den Maßen der Welt gemessen, ein unbedeutendes Leben. Aber es war ein Leben, das total auf Gott hin geöffnet war. Therese, die man auch die Heilige des Atomzeitalters nennt, hat sich Gott angeboten, um in ihm verwandelt zu werden.

Ihre Autobiographie „Geschichte einer Seele" ist der Erfahrungsbericht eines Menschen, der sich ganz auf Gott eingelassen hat, der eine Umwandlung erlebte und dadurch einen Weltbrand ausgelöst hat, von dessen Strahlungen heute noch Ungezählte erfaßt werden. Bei jedem Verbrennungsprozeß wird Energie frei; Therese ist für viele in ihrem Mitwirken mit Christus zur Quelle des Lebens geworden.

Ihr Experiment mit Gott, das sie in ihrer Selbstbiographie beschreibt, könnte man vergleichen mit den Experimenten jener Ärzte, die an Selbstversuchen dahinsterben und bis zum letzten Atemzug ihre Beobachtungen an ihrem Körper und an ihrer Seele notieren.

Wie Jesus am Kreuz in seiner Liebe zu den Menschen bis zum Äußersten geht, so sieht Therese ihr Leben mit Gott und ihr Sterben in Gott hinein als ein Leben und Sterben zum Heil aller vom ewigen Tod bedrohten Menschen. Nicht einmal den Himmel sieht sie als Ort der Ruhe und des Genießens, sondern als Stützpunkt eines noch wirksameren Einsatzes für die Sünder. Deshalb hat die Kirche sie mit Recht zur größten Missionarin der Neuzeit und zur Schutzheiligen aller Missionen erklärt, auch als Patronin der Atheisten in Rußland, Mexiko, Vietnam, Frankreich, sowie als Patronin der Arbeiterpriester, der Arbeiterjugend und vieler apostolisch tätiger Gruppen und Verbände.

Bereits die sechzehnjährige Therese bezeichnet sich als „Atom" und spricht deutlich ihren Willen aus: „Ich möchte alle Sünder auf Erden bekehren und alle Seelen aus dem Fegfeuer retten." Sie

begreift sich als ein Archimedes, der den Punkt gefunden hat, um die Welt aus den Angeln zu heben. Dieser Punkt ist Gott! Therese hat sich ganz in Gott hineingegeben, sich verwandeln lassen und sich dann ganz als Werkzeug einsetzen lassen.
Deutlich wird dieses totale Von-Gott-her-Leben in folgender extremen Aussage, die sie als Novizenmeisterin im Kloster macht: „Einem anderen Menschen Gutes tun ist ohne Gottes Hilfe ebenso unmöglich, wie es unmöglich ist, die Sonne in der Nacht scheinen zu lassen." Dieser Satz sollte über allen christlichen Schulen, Erziehungsanstalten und Arbeitszimmern stehen. Therese verweist bei dieser kühnen Behauptung auf die großen Heiligen: Paulus, Augustinus, Johannes vom Kreuz, Thomas, Franziskus, Dominikus, die vor ihr die gleiche Entdeckung gemacht hatten: „Sie fanden den Punkt, um die Welt aus den Angeln zu heben: Gott; dem sie sich ganz als Werkzeug übergeben haben."
Therese, die 100 Jahre nach der Französischen Revolution als Karmelitin eingekleidet wurde, greift die Parolen Freiheit, Gleichheit, Brüderlichkeit auf ihre Weise auf.

Gleichheit: Sie selbst rechnet sich zu den zahllosen Kleinen in dieser Welt. Für die Kleinen fand sie einen gemeinsamen Weg zu Gott. Als Vorbild wählt sie die Jungfrau von Nazareth „in der Verborgenheit ihres alltäglichen Lebens". Marias Leben der Armut, Einfachheit und des reinen Glaubens zeigt Therese als den normalen Weg zu Gott auf.
Deshalb lehnt Therese alle Wunder, Visionen, Ekstasen, Verzückungen für sich und andere ab.

Brüderlichkeit: Alle Menschen sind für Therese Brüder. Aber sie fühlt sich besonders jenen zugeordnet, die das wahre Leben, Christus, nicht kennen. „Die brüderliche Liebe ist alles auf der Erde. Man liebt Gott nur in dem Maß, wie man die Liebe übt." Sie will bis zum Ende der Zeiten ihren Brüdern vor allem, „die Liebe lieben lehren", so wie sie sich selbst vertrauensvoll Gottes verwandelnder Liebe total überliefert hat, weil sie erkannte: „Ich selbst kann mich nicht heiligen."

Freiheit: Ihre Freiheit sieht Therese darin, alles von Gott zu erwarten und zu erbitten für sich und für ihre Brüder. Und sie wird auch alles von Gott bekommen, weil sie sich selbst ganz ihm hin-

gegeben und verfügbar gemacht hat. Sie versteht sich, wie Johannes der Täufer, als Wegbereiterin Gottes in die Herzen der Menschen hinein. Ihren „Himmel" will sie auf Erden verbringen bis zum letzen Tag. Sie bringt den Himmel auf die Erde. Es geht um das Wachsen und Reifen des göttlichen Lebens in den Herzen der Menschen.
Thereses Weg zu Gott ist ein Weg für alle. Es gilt, das gewöhnliche, tägliche Leben ganz ernst zu nehmen, um in allem, was jede Sekunde kommt, um in jedem Menschen, in jedem Geschehen, in jeder Forderung Gott und seinen Willen zu entdecken und zu erfüllen. Der „kleine" Mensch vor allem bringt den „Himmel" auf die Erde, indem er Gott einströmen läßt in all sein Tun und Lassen. Jeder, der sich auf Therese und ihren Weg einläßt, soll wissen, er spielt mit dem Feuer, dem Feuer der göttlichen Liebe, mit dem Feuer des Heiligen Geistes. Wer mit dem Feuer spielt, wird in ihm verbrannt, wird, wenn er nicht vorher die Flucht ergreift, verwandelt, so wie Therese im göttlichen Feuer verwandelt wurde.
Therese sucht Brüder und Schwestern, die gemeinsam mit ihr des Meisters Aufgabe übernehmen, der von sich sagt:
„Ich bin gekommen, Feuer auf die Erde zu werfen, und was will ich anderes, als daß es brenne."

2. Thereses Eltern

Man kann von Therese nicht sprechen, ohne auch ihre Eltern zu nennen und dabei jene guten Eigenschaften aufzuzeigen, die in Thereses Charakterbild besonders aufleuchten.
Beide Eltern wollten ursprünglich in ein Kloster eintreten. Ludwig Martin, Uhrmacher und Juwelier, versuchte es bei den berühmten Augustinerchorherrn auf dem Großen Sankt Bernhard, wurde aber abgewiesen, weil er für das Studium der Theologie nicht die notwendige schulische Vorbildung hatte. Zélie Guérin wurde bei den Vinzentinerinnen in Alençon nicht aufgenommen. Die Oberin sagte ihr kurz und bündig: „Dafür haben Sie, liebes Fräulein, eine viel zu schwächliche Gesundheit, um all jenen Strapazen gewachsen zu sein, die von einer Krankenschwester gefordert werden." In diesem Nein sah Zélie einen Wink von oben und war von da an fest entschlossen, Gott viele Kinder zu schenken und sie für den Himmel zu erziehen. Tatsächlich ging dieser beharrliche Wunsch an ihren fünf überlebenden Töchtern in Erfüllung. Das Flehen beider Eltern um einen Priester und Missionar wurde von Gott, wenn auch nicht in der gedachten Weise, erhört in der Jüngsten, der späteren Patronin der Weltmissionen.
Zélie Guérin war eine energische, zielstrebige Frau. Nach ihren gescheiterten Klosterplänen gründete sie in Alençon ein Geschäft zur Spitzenherstellung. Sie lernte die Heimarbeiterinnen an, entwarf die Muster, verhandelte mit Lieferanten und Kunden und kam rasch zu ansehnlichem Wohlstand, denn ein Meter dieser handgestickten Spitzen erbrachte damals bis zu 500 Franken. Ihr Gatte verkaufte später seinen Juwelierladen, um im Geschäft seiner Frau die Reisen, einen Teil des Einkaufs und die Buchführung zu übernehmen.
Frau Martin war nicht nur eine erfolgreiche Geschäftsfrau, sondern auch eine tüchtige Hausfrau, eine gute Gattin und eine frohe, ganz in ihren Kindern aufgehende Mutter, die immer Zeit zu Spiel, Fröhlichkeit und sogar zu langen Briefen fand. Dabei hat sie sechzehn Jahre lang ihrer Familie ein schmerzliches Leiden verheimlicht, an dem sie mit 46 Jahren starb. Sie kannte kein Mitleid mit sich selbst: Sie lebte ganz für ihre Familie. Ihre Briefe verraten ein sonniges Gemüt und ein zärtliches Herz. An Therese können wir diese Härte gegen sich selbst und die gleichzei-

tige Feinfühligkeit und Fröhlichkeit gegen andere wiederentdecken. Die fünf Töchter charakterisierten ihre Mutter später so: „Sie hatte einen ungewöhnlich energischen Charakter und eine große Selbstverleugnung, die sie immer auf ihre eigene Person vergessen ließ. Sie arbeitete mit großem Mut, um uns eine sorgfältige Erziehung geben zu können."
Herr Martin ist seinem Mönchsideal auch in der „Welt" treu geblieben. Nach einer Charakteristik seines Freundes, des Jesuitenpaters Pichon, machte er den Eindruck eines in die „Welt" verschlagenen Ordensmannes, der den Tag klösterlich einteilte: Frühmesse am Morgen, Besuchung des eucharistischen Herrn während des Tages, Zeiten des Gebetes und der geistlichen Lesung, der Arbeit, mit seiner Familie Erholung, die er mit Vorliebe in der freien Natur verbrachte. Therese, die seine unbestrittene „Königin" war, erbte von ihm ihre Liebe für Blumen, die heimatliche Landschaft, das Meer, den Wolkenhimmel und die Sterne. Sie ging mit ihm zum Fischen, durfte im Gras am Wasser sitzen, wobei sie unbewußt in tiefe Meditationen versank. Wenn ein Gewitter sie überraschte, trug der Vater die Kleine trotz Angelzeug und Fischkorb auf den Armen nach Hause. An den Winterabenden betrachteten sie miteinander den Sternenhimmel. Beim Familiengebet hatte sie als Jüngste ihren Platz selbstverständlich neben dem Vater und „brauchte ihn nur anzusehen, um zu wissen, wie Heilige beten... Sein schönes Antlitz sagte mir so viel".
Therese hat ihren Vater, den „kein Mensch jemals ein liebloses Wort sagen hörte", nie gefürchtet. Gut sein bedeutete für sie, den Willen des Vaters zu tun und der Mutter Freude zu machen. Schuld bedeutete dann folgerichtig nur das eine: Die Eltern betrübt zu haben. Reue und Bitte um Verzeihung schenken die Liebe der Eltern ohne Strafe sofort zurück. So waren ihre Eltern ständig Spiegelbild der väterlichen und zugleich mütterlichen Liebe Gottes. Hier liegt auch der Ursprung der späteren Lehre Thereses vom „Weg der Kindheit": Daß man geliebt werden kann, ohne es verdient zu haben; daß man immer wieder angenommen wird, auch wenn man gefehlt hat; daß man um so mehr Erbarmen erfährt, je mehr man schwach und hilfebedürftig ist. Und wenn Gott eine noch schwächere Seele als die Thereses entdeckte, würde er sie nach ihrer Überzeugung mit noch größeren

Gnaden überhäufen, falls sie sich nur mit vollem Vertrauen seiner unendlichen Barmherzigkeit überlassen würde.
So war Gott Therese mit seiner Gnade von Jugend an durch ihre Eltern zuvorgekommen. Im Rückblick hat sie die Geschichte ihrer Kindheit, die sie im Gehorsam niederschrieb, mit einem Lobpreis auf das Erbarmen Gottes eingeleitet: „Ich will nur Eines tun: Mit Singen anheben, was ich in Ewigkeit immer neu besingen soll: Die Erbarmungen des Herrn!..."

3. Therese und die Heilige Schrift

Bei der Heiligsprechung 1925 nennt Pius XI. Therese unter anderem „lebendes Evangelium". Als Erklärung dazu fährt der Papst fort: „Sie nährte Geist und Herz durch die beharrliche Betrachtung der Heiligen Schrift, und der Heilige Geist eröffnete ihr und brachte ihr bei, was er für gewöhnlich den Weisen und Klugen verbirgt und den Demütigen offenbart. Therese erwarb sich in der Tat, wie auch unser Vorgänger (Benedikt XV.) bezeugt, eine solche Wissenschaft der übernatürlichen Dinge, daß sie den anderen einen sicheren Weg des Heiles vorzeichnen konnte."

Die vierzehnjährige Therese fand zunächst in der Nachfolge Christi ihre geistige Kraftquelle. Dieses Buch trug sie beständig bei sich, so daß sie bald fast alle Kapitel auswendig kannte. Mit 17 und 18 Jahren bekennt sie, daß sie „viel Licht" aus den Werken des heiligen Johannes vom Kreuz geschöpft hat. Interessanterweise aber übernimmt sie nicht den geistlichen Weg ihres Ordensvaters, aber er wird ihr Führer zur Heiligen Schrift, die von ihrem 19. Lebensjahr an praktisch ihre einzige Lektüre wurde. „Alle anderen Bücher lassen mich kalt." „Im Evangelium schöpfe ich alles, was meine arme kleine Seele braucht. Ich entdecke immer neue Lichter, immer neuen verborgenen Sinn." „Ich finde nichts mehr in den Büchern; das Evangelium genügt mir." Und sie bittet den Herrn: „Zeige mir die im Evangelium verborgenen Geheimnisse! Dieses goldene Buch ist mein kostbarster Schatz."

Diesen kostbarsten Schatz trägt sie dann auch ständig bei sich. Sie schreibt all jene Stellen ab, die sie besonders ansprechen. Allein in ihrer „Geschichte einer Seele" finden wir fast 400 Schriftstellen aus dem Alten und Neuen Testament. Die Tatsache, daß sie gezielt jene Schriftstellen sucht, die besonders von Gottes Liebe sprechen, rechtfertigt sie mit einem Wort Jesu an die heilige Gertrud: „Suche dir jene meiner Worte, die am meisten Liebe atmen, schreibe sie auf, behalte sie wie kostbare Reliquien und lies sie oft... Die kostbarsten Reliquien, die von mir auf der Erde blieben, sind die Worte meiner Liebe, die aus meinem sanften Herzen hervorgingen."

Therese sucht also und findet in der Heiligen Schrift alles, was sie braucht. Die Schrift wird ihr ständiges Nachschlagewerk, um den Willen Gottes zu erforschen. In manchen alltäglichen Situationen scheut sie sich auch nicht, die sogenannte Methode des Bibelstechens zu praktizieren: Sie öffnet das Buch, wie der „Zufall" es gibt, und erwartet, daß ihr der Vers, auf den ihr Auge zuerst fällt, die Lösung einer Frage, die Erhellung eines Zweifels bringt. Aber sie sucht oft auch lange und beharrlich, wenn sie Bestätigung für ein großes Problem braucht. So damals, als sie sich in auswegsloser Lage befindet bei der Festlegung ihrer kirchlichen Sendung. Sie möchte am liebsten alle kirchlichen Berufe in sich vereinigen, aber als Ordensfrau sieht sie sich zunächst auf einen sehr begrenzten Platz eingeengt. Dieses Dilemma „wurde zu einem wahren Martyrium." Die Heilige Schrift ist ihre letzte Zuflucht: „Es fielen mir das zwölfte und dreizehnte Kapitel des ersten Korintherbriefes unter die Augen." Und hier findet sie ihr Problem gelöst. Sie entdeckt ihr besonderes und zugleich weltweites missionarisches Amt. Jeder Organismus, also auch die Kirche als Leib Christi, braucht ein Herz, das alles in Bewegung hält, und das Leben, – in diesem Fall das Leben Christi –, weitergibt an alle Glieder, an alle Zellen. Und mit einem Ruf der Begeisterung dankt sie Jesus für seine Entdeckung: „Ich habe meine Berufung gefunden. Meine Berufung ist die Liebe... Im Herzen der Kirche, meiner Mutter, werde ich die Liebe sein; so werde ich alles sein!"

Besonders bezeichnend ist auch die Schilderung, wie sie ihren „kleinen Weg" entdeckt. Sie sucht für sich und alle „kleinen Seelen" einen „Fahrstuhl", der die „steile Treppe der Vollkommenheit" ersetzt. Tatsächlich macht sie nach beharrlichem Suchen beim Propheten Jesaja die Entdeckung ihres Lebens: „Ihr sollt wie Säuglinge genährt, sollt auf den Armen getragen und auf den Knien gewiegt werden" (Jes. 66,13). Und sie ruft aus: „Der Aufzug, der mich zum Himmel emportragen wird, sind deine Arme, o Jesus!"

Erfrischend wirkt das Bild Marias, das Therese aus der Schriftmeditation erwachsen ist und das sich deutlich abhebt von den weithin verniedlichten und überladenen Darstellungen ihrer Zeit. „Wie gerne wäre ich Priester geworden, um über die seligste Jungfrau zu predigen!... Man sollte keine unwahrscheinlichen Dinge über sie sagen oder Dinge, die man einfach nicht weiß... Damit eine Predigt über die seligste Jungfrau Frucht trägt, muß man ihr wirkliches Leben aufzeigen, wie es das Evangelium tut, und nicht ein Leben, wie man es sich selbst ausdenkt. Man kann gut erraten, daß ihr wirkliches Leben in Nazareth und auch später ganz gewöhnlich sein mußte. ‚Er war ihnen untertan', wie einfach ist das doch gesagt! Man zeigt uns die allerseligste Jungfrau unerreichbar; aber man müßte zeigen, daß sie nachahmbar ist, wie sie die verborgenen Tugenden geübt hat. Man müßte sagen, daß sie wie wir aus dem Glauben gelebt hat, und dies mit Stellen aus dem Evangelium belegen, wo wir lesen: ‚Sein Vater und seine Mutter wunderten sich über die Dinge, die von ihm gesagt wurden'..."

Daß Therese die Muttergottes geliebt hat, beweisen die abschließenden Worte in ihrer langen Marienbetrachtung: ,,Wir sind glücklicher als Maria, denn sie hatte keine allerseligste Jungfrau, die sie lieben konnte. Das ist ein großes Geschenk mehr für uns, ein großes Geschenk weniger für sie! Wie sehr liebe ich doch die allerseligste Jungfrau!"

,,Man muß den Charakter Gottes aus der Schrift kennenlernen", sagte Therese gerne. Tatsächlich ist ihr Gottes- und Christusbild von der intensiven Betrachtung der Heiligen Schrift geprägt. Besonders beeindruckt ist sie von der erbarmenden, herablassenden Vaterliebe Gottes, was ein Zitat wie das folgende beweist: ,,Ich fühle es: Auch wenn ich alle Verbrechen der Welt auf meinem Gewissen hätte, ich würde nichts von meinem Gottesvertrauen verlieren. Mit einem von Reue gebrochenen Herzen würde ich mich in die Arme meines Heilandes werfen. Er liebt den verlorenen Sohn, und ich habe die Worte gehört, die er zu Magdalena, zur Ehebrecherin und zur Samariterin gesprochen hat. Nein, niemand vermag mir Furcht einzujagen. Ich weiß Bescheid über seine Liebe und Barmherzigkeit."

Die väterliche und mütterliche Liebe Gottes in der Bibel ist Thereses wichtigstes Betrachtungsthema. Noch in der Zeit ihrer schwärzesten, fast tödlichen Glaubensnacht wird die vom Tod stark gezeichnete Therese überwältigt beim Anblick einer Henne, die ihre Küchlein unter den Flügeln sammelt: ,,Ich mußte weinen, weil ich daran dachte, daß der Herr dieses Gleichnis im Evangelium gebraucht, um uns seine Zärtlichkeit glaubhaft zu machen. Mein ganzes Leben lang hat er so an mir getan; er hat mich ganz und gar unter seinen Flügeln geborgen."

Therese schildert in ihren Schriften immer wieder Erlebnisse, wie ihr plötzlich ein Schriftwort aufleuchtet und befreiende

Klarheit in ihr Leben bringt. Zwar bedauert sie, keine Theologie studiert zu haben, kein Griechisch und Hebräisch gelernt zu haben, um die Bibel im Urtext lesen zu können; aber sie ging mit einem solchen Glauben und Vertrauen an Gottes Wort heran, daß letztlich alles, was sie beispielsweise im Kloster an die Novizinnen weitergab und alle ihre Schriften nur noch Auslegung der Heiligen Schrift sind; Therese sagte: „Ich brauche die Augen nur auf das heilige Evangelium zu werfen; sogleich weiß ich, nach welcher Seite hin ich laufen muß."

4. Unvollkommen

Geltungsdrang und Ichbezogenheit verfolgten die kleine Therese während ihrer ganzen Kindheit. Nach außen zeigten sich diese Fehler durch übertriebene Empfindlichkeit: „Ich war weinerlich im Übermaß... Ich grämte mich wirklich über alles... Fing ich endlich an, mich über das zu trösten, was ich verkehrt gemacht hatte, so weinte ich darüber, daß ich geweint hatte... Alles Zureden war vergeblich. Ich war nicht imstande, diesen häßlichen Fehler abzulegen." Aber weil Therese kein Egoist sein will, fühlt sie sich getrieben, jedes Versagen wiedergutzumachen durch noch mehr Beten, noch mehr Tugendakte, noch mehr Opfer. Die Folge aber wird sein: Noch mehr Niederlagen, noch mehr Tränen, noch mehr Belästigung für ihre Umgebung. Zur Überempfindlichkeit kommt mit elf Jahren noch die Skrupelhaftigkeit hinzu: „Man muß durch dieses Martyrium gegangen sein, um es wirklich zu verstehen"... All ihr Bemühen ist umsonst. Sie kann sich selbst nicht entfliehen. Wer kann das schon? Sie kann diese „Probezeit" auch nicht abkürzen, sie muß hindurch. Sie muß alles annehmen und erleiden, was ihre Natur ihr antut und aufgibt. Sie muß weinen und sich aufregen und sich blamieren, sie muß verwirrt und elend und untröstlich sein. Damals wurde der Grundstein zu ihrer neuen Lehre vom kleinen Weg gelegt. Fast alle alten Lehren über die Erlangung der Vollkommenheit hat sie damit umgestoßen. Aber vorher noch mußte Gott ein kleines Wunder wirken. Es geschah Weihnachten 1886. In der Christmette hat sie bei der Kommunion vom eucharistischen Herrn die Gabe der Stärke geschenkt bekommen. Es war ein Einströmen der göttlichen Kraft. „Therese war nicht mehr dieselbe. Jesus hatte ihr Herz verwandelt." Fortan wird sie sich ganz auf diesen „starken, mächtigen Gott" verlassen.
Zwei wichtige Erkenntnisse hat ihr Gott in dieser Gnadennacht geschenkt.
Therese hat durch diese zehn Jahre pausenloser Niederlagen hindurch gemußt, um schmerzlich zu erkennen und es nie wieder zu vergessen, wie unverändert schwach, klein, ja ohnmächtig sie blieb – bei allem Bemühen um Selbstheilung. Also wird sie auch künftig niemals wieder der Versuchung nachgeben dürfen, aus eigener Kraft und durch eigene Anstrengung ihr Heil zu wirken. Sie weiß jetzt, daß der Mensch lediglich verantwortlich ist

für das Bemühen, für den guten Willen. Aber die Verantwortlichkeit für den Erfolg ruht allein auf Gottes starken Schultern. Er allein kann das Gelingen geben oder auch vorenthalten. Für beides muß man IHM danken und Seine Vorsehung preisen. Aus dieser Erfahrung heraus wird Therese später ihre Schwester Céline, die wegen ihrer Mißerfolge im Streben jammert, aufmuntern mit der verblüffenden Frage: ,,Und wenn Gott Sie schwach und ohnmächtig haben will wie ein Kind? Meinen Sie, dies wäre in seinen Augen weniger wert? Willigen Sie doch ein, bei jedem Schritt zu stolpern, sogar zu fallen, Ihr Kreuz schwächlich zu tragen. Lieben Sie Ihre Schwachheit! Ihre Seele wird daraus mehr Nutzen ziehen, als wenn Sie, von der Gnade getragen, mit Begeisterung heldenmütige Taten vollbrächten, die Sie mit persönlicher Befriedigung und mit Hochmut erfüllen würden. Nehmen wir unseren Platz demütig unter den Unvollkommenen ein, halten wir uns für kleine Seelen, die der liebe Gott in jedem Augenblick stützen muß. Sobald er von unserer Kleinheit recht überzeugt ist, reicht er uns die Hand. Solange wir aber noch, und sei es unter dem Vorwand des Eifers, auf eigene Faust große Dinge vollbringen wollen, läßt er uns allein..."
Wenn Gottes Gnade alles wirkt, dann muß der Mensch auch die ehrgeizige Haltung aufgeben, fehlerfrei sein zu wollen. Er muß darauf verzichten, in den Augen der anderen, aber auch vor sich selber, schön dastehen zu wollen. Wem Gott die Gnade geschenkt hat, sich so zu sehen, wie er wirklich ist, der erkennt und anerkennt endlich seine geschöpflichen Grenzen. Er tritt zurück und läßt die Kraft Gottes an die Stelle der eigenen Kraft treten. Das Verhältnis des Geschöpfes zum Schöpfer wird wieder ins Lot gebracht. Der Mensch wird wieder ein Kind Gottes und gewinnt damit ein Stück Paradies zurück. Denn wer sich bis zum Äußersten selbst aufgibt, erfährt die absolute Geborgenheit in Gott.
Ohne diese Erfahrung der eigenen Schwäche, die ebenso grenzenlos ist wie die Größe und Kraft Gottes, kann niemand heilig werden. Jeder Heilige mußte diese Erfahrung einmal machen. Normalerweise muß wohl immer Gott uns Menschen erst unsere Ohnmacht beweisen, weil wir von Natur aus den Weg des Erfolges gehen möchten. Geltungstrieb und Erfolgsstreben sind die Krankheit unserer Zeit. Der Glaube bringt dem Menschen zum Bewußtsein, daß er nicht aus eigener Kraft sein Leben meistern,

sein Heil wirken kann, daß ihm aber dafür die unendliche Kraft Gottes zur Verfügung steht. Therese hat also durch die Weihnachtsgnade von Gott eine Botschaft der Hoffnung bekommen auch für uns: Der Mensch darf, ja soll seine Schwachheit annehmen, er braucht und er kann nicht aus eigener Kraft sein Heil wirken.

5. Schwach

Eine Kernwahrheit des Weges Thereses lautet: Gott möchte „die Ströme unendlicher Zärtlichkeit, die in ihm aufgestaut sind", in uns überfließen lassen. Gott lieben bedeutet für uns zuerst, an Seine Liebe glauben und sich von Ihm lieben lassen. Unsere Schwachheit soll uns dabei nicht verunsichern; im Gegenteil: Gerade, weil wir schwach, weil wir hilfsbedürftig und liebebedürftig sind wie kleine Kinder, gerade deshalb werden wir von Gott geliebt; wie wir auch umgekehrt vor Gott nie auf unsere Talente, Tugenden und guten Werke pochen können; denn alles, was wir haben, haben wir empfangen (vgl. 1 Kor 4,7).

Für Therese ist Gott „die Liebe". Also will Gott auch nichts anderes als uns lieben, uns beschenken, uns zum ewigen Heil führen, vorausgesetzt, daß wir an Seine Liebe glauben und uns führen lassen. Dabei führt Gott jeden Menschen einmalig und beschenkt auch jeden einmalig. „Lange habe ich mich gefragt", so gesteht Therese schon auf den ersten Seiten ihrer „Geschichte einer Seele", „warum nicht alle Menschen das gleiche Maß an Gnaden empfangen. Ich wunderte mich darüber, daß er Heilige, die ihn zuvor beleidigt hatten, wie der hl. Paulus, der hl. Augustinus, mit außerordentlichen Gunsterweisen überschüttete, und daß er sie sozusagen zwang, seine Gnade anzunehmen..."
Nach dem Aufzählen weiterer Beispiele, wie Gott mit einzelnen Menschen unbegreifliche Wege ging, kommt sie zu dem einsichtigen Gleichnis: „Jesus stellte mir das Buch der Natur vor Augen, und da begriff ich, daß alle Blumen, die er geschaffen hat, schön sind..." Aber wenn sie dann einzelne, recht unterschiedliche Blumen betrachtet, sieht sie: Es wäre ein Jammer, wenn es nur eine einzige Art von Blumen gäbe. Wörtlich fährt sie fort: „Wenn alle kleinen Blumen Rosen sein wollten, so verlöre die Natur ihren Frühlingsschmuck... Nicht anders verhält es sich in der Welt der Menschen..." Ihr Endergebnis: Wir müssen gern und ganz sein, wie Gott uns haben will: „Die Vollkommenheit besteht darin, Seinen Willen zu tun, das zu sein, was er will, daß wir es seien." Gottes Liebe wird nach ihrer Meinung ebenso sichtbar in den großen Lehrern der Kirche, wie im kleinen Kind, das nur schwache Schreie hören läßt, wie in den Heiden, die „nur das Naturgesetz als Richtschnur" für ihre Lebensführung haben.

Gott liebt jeden Menschen einmalig. Er liebt uns nicht trotz, sondern wegen unserer Schwachheit. Für das totale Geöffnetsein auf Gott hin findet Therese wieder ein Bild aus der Natur, das Gänseblümchen, das sich morgens bei Sonnenaufgang öffnet, sich untertags mit der Sonne dreht und bei Sonnenuntergang sich wieder schließt. Sie selbst will im Garten Gottes ein Gänseblümchen sein, weil es so klein ist, so verborgen blüht, aber von Gott gesehen wird und für ihn so etwas ist wie „eine kleine überschüssige Freude". Unser Klein- und Schwach-Sein ist nach Therese unser größtes Kapital, weil Gott „das Schwache erwählt, um das Starke zu beschämen" (vgl. 1 Kor 1,28). „Er hat herabgeschaut auf die Niedrigkeit Seiner Magd" (Lk 1,48). Therese fordert uns auf, die eigene Schwachheit zu lieben. Sie definiert eigenwillig, aber auch tröstlich und befreiend richtig Gottes Gerechtigkeit so: „Er rechnet mit unserer Schwachheit; er kennt aufs beste die Gebrechlichkeit unserer Natur." Dies ist für sie der Grund, Gott grenzenlos zu vertrauen. Sie fragt: „Wovor sollte ich also Angst haben?" Einer ängstlichen Mitschwester schreibt sie: „Sie sind nicht vertrauensvoll genug. Sie haben zuviel Angst vor dem guten Gott..." Gleichsam als Zusammenfassung ihrer Lehre, als Definition ihres Weges, erklärt sie: „Mein Weg ist voller Vertrauen und Liebe. Ich verstehe die Menschen nicht, die sich vor einem so zärtlichen Freund ängstigen... Ich freue mich daran, klein zu sein, denn nur die Kinder und jene, die ihnen gleichen, werden zum himmlischen Gastmahl zugelassen."

Therese wehrt sich deshalb gegen jene Bücher, in denen bewiesen werden soll, daß die Vollkommenheit erst „nach tausend Fallstricken" erreicht wird. Energisch stellt sie fest: „Ich überlasse den großen Menschen und den großen Geistern diese schönen Bücher, die ich nicht verstehen und noch weniger in die Wirklichkeit umsetzen kann." Solche Bücher widersprechen nach ihrer Überzeugung der Heiligen Schrift, die immer mehr ihre einzige Lektüre wird. Im Wort Gottes findet sie soviel Kraft und Vertrauen, daß sie beglückt feststellt: „Mir erscheint die Vollkommenheit ganz leicht. Ich sehe, daß es genügt, die eigene Nichtigkeit zu erkennen und sich wie ein Kind in die Arme des guten Gottes fallen zu lassen." Sie ist glücklich über ihre Schwachheit, weil sie dadurch allein auf Gottes erbarmende Liebe rechnen kann. Sie achtet darauf, unbedingt „leere Hände" zu behalten, denn es gibt ihrer Meinung nach nur ein Mittel,

„um den guten Gott zu zwingen, nicht über uns zu richten, nämlich wenn man mit leeren Händen vor ihn hintritt". Deshalb rät sie allen: „Machen Sie keine Rücklage; verschenken Sie Ihr Hab und Gut in dem Maße, in dem Sie es erwerben. Wenn ich auch 80 Jahre alt werde, so werde ich doch immer gleich arm bleiben. Ich verstehe nicht zu sparen: Alles, was ich habe, gebe ich sofort wieder aus, um unsterbliche Menschenseelen zu kaufen." Therese findet sich bestätigt beim heiligen Paulus, der vom Herrn selbst getröstet wurde mit den Worten: „Es genügt dir Meine Gnade; denn die Kraft kommt in der Schwachheit zur Vollendung" (2 Kor 12,9). Deshalb kann Therese sagen: „Mein Jesus, wie bin ich glücklich, schwach und klein zu sein!"
Weil wir schwach sind, deshalb dürfen wir des Erbarmens Gottes gewiß sein. Denken wir an den Hauptmann, an den Zöllner, an Maria Magdalena! Therese versichert uns nachdrücklich: „Wenn ich euch mit meinem Kleinen Weg der Liebe in die Irre führe... fürchtet nicht, daß ich ihn euch lange gehen lassen werde. Ich würde euch bald erscheinen, um euch einen anderen Weg anzuraten. Aber wenn ich nicht wiederkehre, dann vertraut der Wahrheit meiner Worte!" Inzwischen ist ihr Weg von allen Päpsten seit Benedikt XV. bestätigt worden. Vor ihrer Seligsprechung am 14. August 1921 erklärte er: „Der Weg der geistlichen Kindschaft ist das Geheimnis der Heiligkeit für alle Gläubigen der ganzen Welt."

6. Blickrichtung des Kindes

Als Jesus in seinen Lehr- und Wanderjahren zum ersten Mal in Jerusalem weilte, bekam er eines nachts Besuch vom Ratsherrn Nikodemus. Sicher hatte sich dieser theologisch gebildete Mann viele Gesprächsthemen für diese nächtliche Begegnung zurechtgelegt. Aber noch bevor er seine erste gezielte Frage stellen kann, eröffnet Jesus selbst das Gespräch mit einem Wort, das sofort den innersten Grund dieses Mannes anrührt: „Wahrlich, wahrlich, ich sage dir: Wenn einer nicht von oben geboren wurde, kann er in das Reich Gottes nicht eingehen" (Jo 3,3). Nikodemus, der mit Fragen kam, wurde sofort in seiner ganzen Existenz in Frage gestellt. Jesus nimmt bei ihm eine einschneidende schmerzliche Kurskorrektur vor: Die Befreiung von sich selbst, die Erlösung von aller Schuld, sowie das ewige Heil sind Geschenke von oben. Der Mensch kann sie durch eigene Leistungen nicht erreichen. Schriftkenntnis, Gesetzestreue, Tugendstreben, das alles läßt noch nicht in das Reich Gottes eingehen. Der Himmel ist Geschenk, wie die Geburt ein Geschenk ist. Jesus nennt hier den Himmel „eine Geburt von oben". Nikodemus muß also radikal umdenken, wie später alle Jünger Jesu ebenfalls umdenken mußten.

Die Apostel wiegten sich in der Sicherheit, längst drinnen zu sein im Reiche Gottes. Sie hatten ja auch einiges dafür getan: Aus Liebe zu Jesus hatten sie schon auf vieles verzichtet; sie hatten ihre Familien zurückgelassen, ihren Beruf aufgekündigt; also machten sie sich inzwischen ernsthaft Gedanken über ihre Plätze im Himmelreich. „Wer ist eigentlich der Größte?" fragen sie den Herrn. Und es muß ein Schock für sie gewesen sein, als Jesus ein kleines Kind von der Straße herholt, es in ihre Mitte stellt und zu ihnen sagt: „Schaut her, so müßt ihr werden!" „Wer sich so klein macht wie dieses Kind, der ist der Größte in der Himmelsherrschaft" (Mt 18,1–5). Die Jünger, die sich als Plätzeverteiler fühlten, sehen nun, daß sie selbst noch keine Platzkarten haben. „Wahrlich, wahrlich, wenn ihr euch nicht bekehrt und werdet wie diese Kinder, so werdet ihr niemals in das Himmelreich hineinkommen." Dieses „Wahrlich" macht ihnen erschreckend deutlich, daß ihre Bekehrung noch nicht erfolgt ist. Bisher haben sie sich an ihrem Meister orientiert und geglaubt, sie müßten ihm durch Verzicht und Leistung „ähnlich" werden. Nun rückt er

selbst ein Kind an die Stelle, wo er bisher für sie stand. So sollt ihr werden!
Sich bekehren heißt: Werden wie ein Kind! Ein Kind hat nichts aufzuweisen. Aus sich selbst hat es gar nichts. Deshalb schaut es vertrauensvoll erwartend auf. Sein Blick ist ein stets Weg-von-Sich, hoffend hin zu einem Größeren. Jesus fordert von seinen Jüngern genau diese drastische Blickwende. Statt Orientierung am Meister, was leicht ein ängstliches Leistungsdenken auslösen kann, fordert er die Orientierung am Kinde, das aus sich nichts hat und nichts kann und deshalb vertrauen muß. Mit den Jüngern müssen auch wir immer wieder zu Anfängern werden, als hätten wir nie begonnen. ,,Brüder, laßt uns endlich anfangen", so hieß das letzte Wort des hl. Franz von Assisi. Es gibt auch ein Steckenbleiben im Anfang, die Verweigerung der neuen Anfänge. Jesus meint mit der ständigen Bekehrung das ,,Sich immer neu von Gott ergreifen und verwandeln lassen", so wie er selbst immer ein vom Vater Ergriffener war. Er gab nichts weiter, was er sich nicht vom Vater zuvor schenken ließ: ,,Das Wort, das ihr hört, ist nicht mein Wort, sondern Wort des Vaters, der mich gesandt hat" (Jo 14,10). ,,Ich tue die Werke, die der Vater mir gegeben hat, daß ich sie vollbringe" (Jo 5,36). Jesus selbst ist also wie das Kind, das er vor uns hinstellt, reine Offenheit nach oben. Wir müssen wie Schalen sein: Leer und nach oben weit geöffnet. Bevor wir anderen etwas schenken wollen, müssen wir uns von Gott beschenken lassen. Bevor wir lieben wollen, müssen wir zur Quelle der Liebe hingehen, zum Heiligen Geist, der in uns wohnt.
Das Kindlichste am Kind ist seine Blickrichtung. Die Erwartung des Kindes ist über ihm, nicht unter ihm. Wenn wir Kinder vor Gott werden wollen, müssen wir bei unserer täglichen Gewissenserforschung jene Stellen in unserem Leben zu erkennen suchen, wo wir nicht mehr aufschauen. Es sind die Stellen, wo wir in unserem Heil gefährdet sind. Da kann ein Mensch sein, dem gegenüber wir uns als einseitig Gebende oder als Fordernde benehmen. Wir sehen uns über diesem Menchen, nicht unter ihm. Wir lassen ihn kaum noch fühlen, daß er uns etwas bedeutet, daß wir ihn brauchen, daß er uns durch sein Dasein beschenkt. Auch Dinge können uns nach unten ziehen. Wir betrachten sie nicht mehr als Geschenk von oben, sondern als Besitz. Ein undankbares Sich-Bemächtigen bestimmt unsere Einstellung.

Gegen diese Fehlhaltungen hat uns Therese, die Lehrmeisterin des Weges der geistlichen Kindheit, ein Orientierungsbild geschenkt. Zu einer leistungsbetonten Novizin hat sie gesagt. „Sie erinnern mich an ein ganz kleines Kind, das anfängt aufrecht zu stehen, aber noch nicht gehen kann. Es will unbedingt bis oben auf die Treppe hinaufkommen zu seiner Mutter. Also hebt es seine Füße, um auf die erste Stufe zu treten. Aber verlorene Mühe: Immer wieder fällt es zurück und kann nicht weiter. Wohlan, seien Sie dieses kleine Kind! Heben Sie immer wieder Ihren kleinen Fuß, um die Treppe der Heiligkeit zu ersteigen, indem Sie sich in allen Tugenden üben. Aber bilden Sie sich ja nicht ein, Sie können wenigstens die erste Stufe erreichen. Nein, Gott verlangt von Ihnen nur den guten Willen. Von der Höhe dieser Treppe herab schaut er Sie mit Liebe an. Bald läßt er sich von Ihren erfolglosen Anstrengungen überwinden. Er wird selbst herniedersteigen, Sie auf seine Arme nehmen und Sie für immer in sein Reich der Liebe tragen, wo Sie ihn nie verlassen werden. Aber, wenn Sie aufhören, Ihren kleinen Fuß hochzuheben, wird er Sie lange auf der Welt lassen."
In welche Richtung schaut unser Leben? Was wir im Auge haben, das prägt uns, dahinein werden wir verwandelt. Und wir kommen, wohin wir schauen.

7. Der kleine Weg

Therese hat als Kind, wie alle Kinder, die Krippe geliebt. Krippe und Kreuz waren ihre wichtigsten Betrachtungsgegenstände. Vom Kind in der Krippe hat sie Einfachheit, Demut und Hingabe gelernt. Auf die Weihnachtskarten, die sie malte, schrieb sie gerne die Worte des heiligen Bernhard: ,,Jesus, was hat dich so klein gemacht? – Die Liebe!" Von der liebenden Herablassung des Herrn war sie tief beeindruckt. Deshalb feierte sie neben Weihnachten besonders das Fest Mariä Verkündigung und erklärte: ,,Das ist der Tag, an dem Jesus im Schoße Mariens am allerkleinsten war."

Wie immer bleibt sie nicht bei der Bewunderung stehen, sie zieht Konsequenzen für ihr Leben: ,,Wie sollte man einen Freund, der sich so außerordentlich tief zu erniedrigen würdigt, nicht wiederlieben?" Sie greift ein Wort ihres Ordensvaters Johannes vom Kreuz auf: ,,Jesus ist geradezu krank nach Liebe, und es muß bedacht werden, daß die Krankheit der Liebe nur durch Liebe geheilt werden kann." Sie will also antworten auf die Liebe dessen, der sie zuerst geliebt hat. Sie weiß sich von Jesus gerade wegen ihres Klein- und Schwachseins geliebt: ,,Er war reich und wurde arm, um seine Armut mit unserer Armut zu vereinigen. Welch ein Geheimnis der Liebe!" So sieht Therese in ihrer Schwachheit ihr größtes Kapital: Weil ich schwach bin, deshalb sucht und besucht ER mich. Um dies nie zu vergessen, wählt sie im Karmel als ersten Beinamen: ,,vom Kinde Jesus". Ihre Schwester Céline bemerkt dazu: ,,Sie strengte sich an, ihn immer mehr zu verdienen." Therese hat sich stets bemüht, gern klein und schwach zu bleiben.

Sie bezeichnet es als die größte Erkenntnis ihres Lebens, ,,daß der Allmächtige mich meine Kleinheit, mein Unvermögen zu allem Guten hat erkennen lassen." Sie fügt den extremen Zusatz bei: ,,Diese Erleuchtungen über mein Nichts sind mir kostbarer als die Erleuchtungen über den Glauben." – Gerade dieses Nichts macht sie kühn: ,,Jesus, ich bin zu klein, um Großes zu tun; mein eigener Wahnsinn besteht darin zu hoffen, daß deine Liebe mich ... annehme." Erst sprach sie von ‚Jesu Wahnsinn', der als kleines Kind in die Welt kam, der sich als Verbrecher hat kreuzigen lassen. Ihr eigener Wahnsinn soll darin bestehen, Jesus, ihrem ,,besten und einzigen Freund" in allem ähnlich zu werden; zunächst im Kleinsein; dann auch im Vergessenwerden und Verstoßenwerden.

Therese schreibt: „Ich muß mich so ertragen, wie ich bin, mit meinen zahlreichen Unvollkommenheiten." Diese Unvollkommenheiten gehören wesentlich zum Kindsein vor Gott, zum Abhängigsein von Gott. Sie stören dann nicht mehr, wenn unser Gebet: ‚Danke, Jesus, daß Du mich gerade wegen meiner Schwachheiten liebst', zum Herzensgebet geworden ist; sobald dieses Stoßgebet aus überzeugtem, vertrauendem Herzen spontan hervorbricht. Thereses Aufforderung: „Liebe deine Schwachheit! Willige ein, bei jedem Schritt zu stolpern, bei jedem Schritt zu fallen!" ist eine Aufforderung zur Einübung in dieses Kindsein vor Gott. Mein Schwachsein ist dann Kindsein vor Gott, sobald mich jedes Stolpern und Fallen wachrütteln. Therese sagt, daß vor allem Paulus sie „die Wissenschaft gelehrt hat, sich ihrer Schwachheit zu rühmen." Und sie stellt fest: „Ja, ich bin schwach, ganz schwach. Täglich mache ich von neuem diese Erfahrung." Aber gerade ihre Schwachheit gibt ihr Mut und Anlaß, ganz auf die herablassende Liebe des Kindes in der Krippe zu vertrauen: „Wenn man sich so elend sieht, dann will man sich nicht mehr viel mit sich selbst beschäftigen. Der Blick ist dann nur noch auf den einzig Vielgeliebten gerichtet!" Ihrer Cousine gibt sie den Rat, sich in der Hingabe an Jesus nicht von ihrer Schwäche abschrecken zu lassen: „Du machst (sonst) den Eindruck eines Mädchens vom Dorf, um dessen Hand ein mächtiger König anhält, das aber seine Zusage verweigert unter dem Vorwand, es sei nicht reich genug... Dabei bedenkt dieses Mädchen nicht, daß sein königlicher Bräutigam sowohl seine Armut als auch seine Schwäche viel besser kennt als es selbst." Therese wird direkt: „Maria, auch wenn du ein Nichts bist, darfst du dennoch nicht vergessen, daß Jesus alles ist. Daher mußt du dein kleines Nichts in sein unendliches Alles hineinversenken..."

Später dreht Therese dieses Bild um und fordert ihre Cousine auf, sich Jesus ganz zu öffnen, damit er sich ganz in sie einlassen kann: „Maria, gibt dein Herz ganz Jesus hin. Ihn hungert danach. Dein Herz ist es, wonach er sich sehnt, daß er soweit geht, sich sogar in einen vernachlässigten Tabernakel einschließen zu lassen." Damit zeigt Therese deutlich auf, warum Jesus an Weihnachten auf unsere Erde gekommen ist. Er will nicht nur bei uns, sondern *in* uns geboren werden und wohnen. Wenn uns

Jesus Geschenke macht, dann schenkt er nicht etwas von sich, er schenkt sich selber. Er riskiert es sogar, daß wir ihm keine Aufnahme oder nur eine schlechte Herberge gewähren. Therese spricht von vernachlässigten Tabernakeln, in denen er wohnt. Sie hatte konkret eine heruntergekommene Dorfkirche vor Augen, aber sie dachte gewiß noch mehr an den inneren Tabernakel vieler Christen, worin der Herr oft noch vereinsamter und vernachlässigter ist: ,,Was Jesus am meisten schmerzt, ist dies: In einem vernachlässigten Tabernakel allein gelassen zu werden."
Ist uns klar geworden, daß Gott uns will, wie wir gerade sind, dann ist es auch des Überlegens wert, was Gott nicht will. ,,Ich weiß sehr wohl, daß Gott unserer Werke nicht bedarf!" ,,Müßten wir Großes tun, wie wären wir zu bedauern!" Gott braucht ,,weder unsere aufsehenerregenden Werke noch unsere schönen Gedanken. Will er erhabene Gedanken, hat er da nicht seine Engel, deren Wissen die der größten Geister der Erde unendlich übertrifft? Er sucht hier unten weder Geist noch Talent." Wenn wir uns wie Therese klargemacht haben, was Gott von uns – im Gegensatz zu vielen Mitmenschen – nicht will, können wir viele falsche Erwartungen und Überforderungen, die auch wir an uns selber stellen, fallenlassen.
Weil sich Therese gefährdet weiß, sich selbst zu wichtig zu nehmen, bittet sie andere um ihr Gebet, daß sie ,,immer klein, ganz klein" sei. Sie bittet Jesus bei ihrer Profeß, ,,daß niemand sich mit mir beschäftigen möge." Eine vom Hochmut gefährdete Novizin leitet sie an, Jesus anzuflehen: ,,Schicke mir eine Verdemütigung, sooft ich versuche, mich über andere zu erheben!" Nach Thereses Erfahrung ist ‚der letzte Platz' in einer Gemeinschaft am wenigsten umstritten, und dort finden wir Jesus am sichersten. Ihr Leitbild ist ein unsichtbares Sandkorn am weiten Meeresstrand; deshalb betet sie, ,,daß ich mit Füßen getreten und vergessen werde wie ein Sandkorn." Zu ihren Novizinnen sagte sie: ,,Bleiben wir klein, ganz klein, so klein, daß alle Welt uns mit Füßen treten kann, ohne daß wir auch nur den Anschein erwecken, es zu fühlen oder darunter zu leiden."
Beim Einüben in das Kleinwerden ist für Therese Jesus unser Meister, der uns das ,,Mit-Füßen-getreten-Werden", also Demütigungen, nicht ersparen wird, weil ,,die Verdemütigung der einzige Weg ist, der heilig macht". Therese dankt ihrer überstrengen Priorin für zahllose solcher Verdemütigungen, ,,ohne

die sie niemals feste Wurzeln geschlagen hätte". Therese mußte ihren Wurzelgrund ganz in Gott finden, weil sie im Kloster bei Menschen weder Trost noch Halt fand, eher das Gegenteil. Diese Verdemütigungen haben sie zu Gott getrieben. Am Ende ihres Lebens ist sie sich gewiß, ,,alle Geschöpfe könnten sich zu ihr neigen, sie bewundern, sie mit Lob überhäufen: Das alles würde keinen Hauch der Selbstzufriedenheit jener wirklichen Freude zufügen, die sie in ihrem Herzen verkostet, indem sie sich in den Augen Gottes als kleines armes Nichts fühlt".
Therese fordert uns auf: ,,Betrachte nur die kleinen Kinder: Unaufhörlich zerbrechen, zerreißen sie alles, fallen auch zu Boden, und dennoch lieben ihre Eltern sie sehr. Wenn ich auf diese Weise als Kind falle, so greife ich dadurch meine Schwäche mit Händen und sage mir: Was würde aus mir, was finge ich an, stützte ich mich auf meine eigene Kraft?" ,,Bin ich demütig, so bleibt mir das Recht, bis zu meinem Tod kleine Dummheiten zu begehen, ohne daß Gott dadurch beleidigt wird." So kann sie ohne Angst dem Tod entgegengehen: ,,Ich habe nicht die geringste Furcht vor den letzten Kämpfen und auch nicht vor den Leiden der Krankheit, wie groß sie auch sein mögen. Gott hat mir immer geholfen und mich bei der Hand geführt. Ich zähle auf ihn."
Leben zu zweit auf Schritt und Tritt, Leben an Jesu Hand, Sich-ziehen-Lassen, Sich-tragen-Lassen, das sind die häufigsten Definitionen, in denen Therese ihren Kleinen Weg zusammenfaßt.

8. Vertrauen

Wenn der Mensch des Alten Bundes eine wichtige Lebensweisheit wiedergeben will, gebraucht er gewöhnlich ein Bild oder einen Vergleich. Wenn wir uns selbst beobachten, entdecken wir, daß es uns kaum anders ergeht. Erschütternde Erlebnisse und tiefe Erfahrungen können auch wir nicht in nüchternen Worten weitergeben.

Als der Prophet Jeremias die Menschen seiner Zeit zum Gottvertrauen ermuntern wollte, gebrauchte er zwei sehr kräftige, plastische Bilder: „Verflucht der Mann, der auf Menschen vertraut. Er gleicht einem kahlen Strauch in der Steppe." Und dann der krasse Gegensatz: „Gesegnet der Mann, der auf den Herrn vertraut. Er gleicht einem Baum, der am Wasser gepflanzt ist" (vgl. Jer 17,5–8). Wir dürfen sicher davon ausgehen, daß der Prophet hier eine persönliche Lebenserfahrung wiedergibt. Er hat es selbst erfahren; und wenn er die gesamte Menschheitsgeschichte betrachtet, glaubt er ebenfalls zu entdecken: Es lohnt sich nicht, sein Leben auf Menschen zu bauen; denn früher oder später muß man enttäuscht werden, allerspätestens dann, wenn man an der Schwelle vom Diesseits zum Jenseits steht. Dagegen: Ein Fundament, das trägt und hält für Zeit und Ewigkeit, ist Gott!

Der heilige Franz von Sales, der Patron der Journalisten, ein kluger, weltoffener Mann, bedauert in reifen Jahren, daß er sich nicht früher ganz auf Gott verlassen hat: „Wenn ich noch einmal zur Welt käme, ließe ich mich von Anfang an mit der Einfalt eines Kindes und unter Verachtung aller menschlichen Klugheit ganz von der göttlichen Vorsehung leiten."

Therese sieht eine ihrer wichtigsten Aufgaben darin, zum grenzenlosen Vertrauen auf Gott zu ermutigen. Sie ist geradezu die Heilige des Gottvertrauens. Ihren Weg zu Gott, der ein Weg für alle ist, definiert sie so: „Es ist der Weg des Kindseins (vor Gott, unserem Vater), es ist der Weg des Vertrauens (auf den Vater-Gott) und der restlosen, kindlichen Hingabe (an den Vater-Gott)." Auch ihr gelingt es am besten, in Bildern darzustellen, was sie unter kindlichem Vertrauen versteht. Drei ihrer Bilder wollen wir kurz betrachten.

Therese spricht von einem Aufzug. Die reichen Leute brauchen nicht mehr mühsam Treppen zu steigen. Sie lassen sich von einem Fahrstuhl hochtragen. Es gibt auch einen Fahrstuhl in den

Himmel. Er ist reserviert für die Kleinen, die Schwachen, die Hilfsbedürftigen, die Sünder, kurz, für all jene, die demütig genug sind, einzusehen, daß sie es ohne Hilfe nicht schaffen, heilig zu werden. Dieser Aufzug in den Himmel sind die Arme Jesu, in die wir uns vertrauensvoll hineinwerfen sollen. Therese will uns mit diesem Bild sagen: Wer immer und überall mit Jesu Nähe, Wegweisung und Hilfe rechnet; wer hinter allen großen und allen unscheinbaren Ereignissen seine Liebe und seinen Anruf entdeckt, der wird erleben, daß er getragen, gestärkt und geführt wird.

Therese hat sich in Jesu Hand als Spielball gesehen. Jesus und die Menschen, hinter denen sie Jesus sieht, können mit ihr umgehen wie mit einem Spielball. Sie will Jesus und den Menschen Freude machen, ohne sich aufzudrängen. Man kann sich also mit diesem Ball ganz nach Lust und Laune beschäftigen oder ihn in der Ecke liegenlassen. Sie will auf jeden Fall immer elastisch und bereit sein wie ein Spielball. Dies ist ein Bild für ihre totale Verfügbarkeit. Sie will damit sagen: Wer sich vertrauensvoll in Gottes Hand gibt, muß es ganz und vorbehaltlos tun.

Dies wird noch deutlicher in einem dritten Bild: Therese möchte in Jesu Hand auch ein Kreisel sein. Einen Kreisel muß man mit der Peitsche schlagen, um mit ihm spielen zu können. Sie ist also bereit, alle Schläge des Schicksals aus Jesu Hand freudig anzunehmen, weil sie weiß: „Auf die Dauer gibt es keine Liebe ohne Leiden, ohne viel Leiden." Wer mithelfen will am Aufbau einer besseren, heileren Welt, kann dies nicht nur durch Einsatz und Kampf. Auch im Leben Jesu war das Leiden und Sterben der Höhepunkt seines Erlösungswerkes.

Manche werden diese Bilder übertrieben finden. Aber prüfen wir ernsthaft den Wahrheitsgehalt dieser Bilder. Wir wissen, auch Jesus hat meist in Bildern zu uns gesprochen. Auch seine Bilder sind oft radikal und wirken übertrieben. Nur jene, die in ihrem Herzen Kinder geblieben sind, verstehen ihn und sind bereit, sich von Jesus helfen und heiligen zu lassen.

II. Mit Jesus im Alltag leben

1. Gott in uns

Jesus sagt uns im Lukas-Evangelium: ,,Das Reich Gottes ist in euch." (Lk 17,21). Dieses Wort greift Therese auf und versichert: ,,Ich weiß dies aus Erfahrung, das Reich Gottes ist innen in uns... Ich fühle, daß er in mir ist jeden Augenblick. Er leitet mich. Er gibt mir ein, was ich sagen oder tun soll. Ich entdecke gerade in dem Augenblick, wo ich sie brauche, Klarheiten, die ich noch nie geschaut hatte." Sie hat also mit und aus dem in ihr anwesenden Gott gelebt. Dies ist auch das Geheimnis ihrer Heiligkeit.

Ein bekannter Seelenführer schrieb als Spiritual einer Schwesternkongregation das Buch ,,Die Übung der Vergegenwärtigung Gottes". Im Vorwort macht er ein interessantes Geständnis: ,,Dieses Büchlein... verdankt sein Entstehen einer Schuld." Seine Schuld sieht dieser Priester darin, daß er den Wandel in Gott so spät geübt und gelehrt hat. Er hat den vielen, die er im geistlichen Leben führen durfte, immer neue Lasten aufgebürdet in Form von religiösen Pflichten wie Betrachtung, Gewissenserforschung, Tugendübungen, geistliche Lektüre. Er hat dabei beobachtet, daß all diese Menschen zwar besten Willens waren und sich große Mühe gaben, aber es trat nur bei wenigen eine innere Umwandlung, also wahre Heiligung ein. Von den wenigen, bei denen etwas passierte, erfuhr er, worauf es beim Streben nach Vollkommenheit am meisten ankommt: Auf die Übung der Vergegenwärtigung Gottes.

Zum Glück ging dieser Priester auf das ein, was ihm Gott zeigte. Er war bei sich selbst und in der Führung anderer demütig genug, noch einmal neu anzufangen: ,,Ich begann, meine Methode... zu ändern." Zunächst hat er selbst begonnen, intensiv dieses Leben mit Gott zu üben, und er hat auch künftig alle anderen dazu angeleitet. Er muß feststellen: ,,Die Erfolge waren überraschend... Jetzt sah ich ein reiches inneres Leben aufsprossen." Er beobachtete ferner, wie diese nun immer mehr gottverbundenen Menschen loskamen von falschen Anhänglichkeiten an Dinge und Menschen und vor allem frei wurden von sich selber. ,,Nachdem ich diese Erfahrung gemacht hatte, war es mir erst

recht klar und zur festen Überzeugung geworden, daß die notwendigste Gebetsübung zur Erwerbung der Vollkommenheit der beständige Wandel in der Gegenwart Gottes sei, und ich hielt es für meine Pflicht, meine Erfahrungen auch weiteren Kreisen zugängig zu machen."
Oft wird mit Recht Ärgernis daran genommen, daß sogenannte fromme Katholiken, die vielleicht täglich kommunizieren, im Alltag ein so abstoßendes Beispiel geben. Die Vereinigung mit dem eucharistischen Herrn nützt wenig, wenn sie nicht oft untertags erneuert wird. Wer den Leib des Herrn nicht nur vorübergehend genießt, sondern auch intensiv mit dem innewohnenden Herrn lebt, nur an dem bewahrheitet sich Jesu Wort: „Wer mein Fleisch ißt und mein Blut trinkt, bleibt in mir und ich in ihm." (Jo 6,57) Die Lauen dagegen essen und trinken das Gericht, weil Tun und Leben, Schein und Sein einander völlig widersprechen. Anleiten zu einem Leben mit Gott im Alltag kann aber nur, wer selbst diesen Weg nach innen geht und ihn aus Erfahrung kennt. Jedem Christen gilt die Mahnung Gottes: „Wandle vor mir und sei vollkommen!" (Gen 17,1)
Dieser Wandel in Gott war auch das Geheimnis des Lebens Thereses. Ihr Weg des Kindseins bedeutet, sich Schritt für Schritt führen zu lassen, aus sich allein nie etwas zu tun, immer unter der göttlichen Liebessonne zu leben. Das Angebot in ihrem Abschiedsbrief an ihren Priesterbruder gilt allen: „Ich werden Ihnen helfen, mit Jesus vertraut zu leben... Ich wundere mich nicht darüber, daß Ihnen diese Übung etwas schwer zu verwirklichen scheint. Man kann das auch nicht an einem Tag erreichen. Aber dessen bin ich gewiß, ich werde Ihnen viel helfen, diesen wunderbaren Weg zu gehen..." (18. Juli 1897).

2. Stilles Verweilen

Der Hunger nach frischer Luft und Sonne ist heutzutage sehr groß. In den Ferien bewegt sich die große Reisewelle in die südlichen, sonnigen Länder. Ohne Sonne verkümmert der Mensch. Ohne Sonne können die meisten Lebewesen nicht existieren. Es gibt jedoch eine Sonne, die wir alle besonders nötig haben. Ihretwegen müssen wir nicht in den Süden fahren. In einem Lied heißt es: „Gottes Liebe ist wie die Sonne, sie ist uns immer und überall nah!" Besonders nahe ist uns diese göttliche Sonne in der heiligen Eucharistie. Deshalb sollten wir uns diese göttliche Sonne oft gönnen und auch außerhalb der Messe den Herrn in der Eucharistie besuchen.

Therese hat, von ihren Eltern angeleitet, seit früher Kindheit täglich die Messe und untertags den Herrn im Tabernakel besucht. Sicher hat sie immer ihren Vater vor Augen gehabt, von dem sie schreibt: „Während seiner täglichen Besuche des Allerheiligsten füllten sich seine Augen oft mit Tränen, und sein Gesicht spiegelte himmlisches Glück." Therese spricht die Überzeugung aus: „Durch die bloße Anstrengung meines Glaubens kann ich den Tabernakel öffnen und mich bergen bei meinem göttlichen König." Sie hat also beim Herrn in der Eucharistie Geborgenheit, Trost, Ruhe und Hilfe gesucht und auch gefunden. Während ihrer Schulzeit, wo sie verschüchtert war und unter Kontaktarmut litt, flüchtete sie sich oft in die Hauskapelle der Klosterschule. Sie entschuldigt sich gleichsam, wenn sie fragt: „War denn nicht Jesus mein einziger Freund? Nur mit ihm wußte ich zu reden." Dabei hat Therese meist nicht viel geredet. Sie sagt, daß sie lange Zeit einfach in der Haltung der Hingabe vor Gott da war: „Wenn ich vor dem Tabernakel knie, habe ich dem Herrn nur eines zu sagen: Mein Gott, du weißt, daß ich dich liebe!" „Ich spüre, daß ihm dies nie lästig wird." Wie Liebende sich nicht oft genug ihre Liebe und Treue bestätigen können, so bekennt auch Therese ihrem „besten und einzigen Freund Jesus", wie sie ihn nennt, immer nur das eine: „Du weißt, daß ich dich liebe."

Wenn Therese zu Jesus kommt, dann kommt sie nie nur als Ich, sondern immer auch als Wir; besonders ihre hilfsbedürftigsten Brüder und Schwestern hat sie dabei im Sinn. Alle sollen miterwärmt, mitbeschenkt, mitgeheiligt werden. Was Gottes Sonne mir schenkt an Licht und Wärme, gehört allen, die in mir sind.

Schließlich nehmen wir dieses Licht und diese Wärme mit nach Hause. In jenem Lied heißt eine weitere Strophe: „Gib diese Liebe weiter, gerade an den, der dich nicht lieben will!" Jene, die liebesarm und liebeskalt sind, haben einen ersten Anspruch, daß wir ihnen vom eucharistischen Herrn her Liebe mitbringen.
Vor allem abends nach Geschäfts- und Betriebsschluß wäre für viele Berufstätige eine günstige und heilsame Gelegenheit, in einem Gotteshaus eine Atempause einzulegen. Hier können wir beim Herrn allen Ärger des Tages zurücklassen, damit wir ihn nicht nach Hause bringen und ihn dort an Unschuldigen abreagieren. Im meist stillen Gotteshaus können wir alle Hetze des Tages, alle Nervosität abstreifen. Hier beim Herrn können wir die Sorgen anbringen und loslassen, die sich im Laufe des Tages aufgedrängt haben. Wenn dann alles heraus ist, die eigene und die fremde Last, dann sollten wir am besten im Schweigen diese Besuchung ausklingen lassen. Auch Therese bestätigt: „Oft ist das Schweigen die einzige Möglichkeit, meine Anliegen zum Ausdruck zu bringen. Aber der göttliche Gast im Tabernakel versteht alles, selbst das Schweigen einer Kinderseele, die mit Dankbarkeit erfüllt ist."

3. Immerwährendes Beten

Wer liebt, der lebt mit dem, den er liebt.
Wer liebt, der denkt an den, den er liebt.
Wer liebt, der hat Zeit für den, den er liebt.

Therese wurde im Kloster eines Tages von ihrer Schwester Céline gefragt, ob sie manchmal die Gegenwart Gottes verliere. Da antwortete sie ganz einfach: „Oh, nein, ich glaube, daß es niemals drei Minuten waren, wo ich nicht an den lieben Gott dachte..." Dann folgt auch eine sehr einsichtige Begründung für diese kühne Behauptung: „Es ist (doch) selbstverständlich, daß man an einen, den man liebt, (auch) denkt."
Entsprechend einfach ist Thereses Anleitung zum Gebet: „Für mich ist das Gebet ein Aufschwung des Herzens, es ist ein einfacher Blick zum Himmel. Es ist ein Ruf des Dankes und der Liebe, sowohl mitten in Prüfungen wie auch in der Freude. Endlich ist das Gebet eine ganz große übernatürliche Sache; es weitet meine Seele und macht mich eins mit Jesus."
Es gibt dicke Bücher über Anleitung zum Gebet. Diese wenigen Sätze ersetzen manches dicke Buch; sie enthalten eine tiefe Gebetsschule:
1. Das Gebet ist „Aufschwung des Herzens". Dies ist ihre erste Definition. Gott will unser Herz! Mit dem Herzen sollen wir uns ihm zuwenden, mit dem Herzen ganz bei ihm sein.
2. Gebet ist „ein einfacher Blick zum Himmel". In den Augen liegt unser Herz. Jesus sagt deshalb in der Bergpredigt. „Ist dein Auge rein, dann ist der ganze Mensch im Licht." (Mt 6,22) Gott sieht uns in die Augen. In unseren Augen sieht er wie in einem Spiegel den ganzen Menschen. Ihn anschauen und sich von ihm anschauen lassen, das ist nach Therese echtes, tiefes Gebet.
Als Therese in ihrer Todeskrankheit nachts wieder einmal schlaflos im Bett lag, wurde sie von der Krankenschwester (Céline) überrascht. Ihre Hände waren verschlungen und die Augen nach oben gerichtet. „Was tun Sie so? Sie sollten versuchen, zu schlafen." Darauf Therese: „Ich kann nicht. Ich leide zu sehr. Aber ich bete." „Und was sagen Sie zu Jesus?" – „Ich sage ihm nichts. Ich liebe ihn!" – Hier haben wir beides: Gebet ist „ein einfacher Blick zum Himmel", und Gebet ist „ein Aufschwung des Herzens". Therese kann wegen ihrer vielen Schmerzen nicht mehr

beten im üblichen Sinn. Sie kann nicht mehr viele Worte machen. Aber sie darf sich trösten mit Jesu Rat: „Ihr sollt nicht viele Worte machen... Euer Vater weiß, was ihr braucht." (Mt 6,5). Thereses Gebet ist ein Mit-dem-Herzen-bei-Gott-Sein.
3. Weiterhin ist Gebet nach Therese „...ein Ausruf des Dankes oder der Liebe". Sie hat offensichtlich die Stoßgebete geübt. Wie sie selbst sagt, läßt sie „mitten in Prüfungen und in der Freude ihr Herz sprechen", sie reagiert bei Jesus ab, was ihr Herz bewegt und bedrückt. Ihr Freund soll an allem Anteil nehmen. Lange Gebete haben ihr immer zu schaffen gemacht. Deshalb war ihr das Rosenkranzgebet immer ein Opfer, obwohl sie seit Kindheit auch darin treu war und blieb. Fremde Gebetstexte benützte sie ungern: „Ich habe nicht den Mut, mich zu zwingen, in den Büchern schöne Gebete zu suchen. Das macht mir Kopfschmerzen. Es gibt deren so viele, und dazu sind die einen schöner als die anderen. Ich könnte sie nicht alle beten. Da ich aber nicht weiß, welche ich auswählen soll, mache ich es wie die Kinder, die nicht lesen können. Ich sage einfach Gott, was ich ihm sagen will, ohne schöne Sätze zu machen, und immer versteht er mich."
Allem Gemachten, allem Unpersönlichen zieht Therese die Unterhaltung ohne Zwang vor, die Sprache des Herzens: „Ich fühle, daß Jesu Herz mir ganz gehört, wie auch mein Herz ganz ihm gehört. Ich spreche also zu ihm in dieser...Herzensvertrautheit und warte darauf, ihn eines Tages von Angesicht zu Angesicht zu schauen." Sie weiß, daß er ihr immer zugewandt ist, und so geht sie voll Vertrauen mit allem auf ihn zu: „Gott wird nicht müde, mich anzuhören, wenn ich ihm ganz einfach meine Mühen und meine Freuden sage, wie wenn er sie nicht kennen würde."
Natürlich spricht sie mit Jesus auch über jene, die sie liebt und um die sie sich sorgt. An ihre Schwester (Céline) schreibt sie: „Nachdem ich Deinen Brief gelesen hatte, bin ich zum Gebet gegangen." Bevor sie den Brief beantwortet, geht sie wieder zu Jesus: „Ich nahm das Evangelium zur Hand und bat Jesus, mich eine Stelle für Dich finden zu lassen. Siehe, was ich gezogen habe..." „Während ich schreibe, rede ich mit Jesus."
Schließlich sagt Therese, daß der ständige Kontakt mit Gott, das Aufmerken auf seine Gegenwart, ihr Herz für die ganze Kirche und für die ganze Welt weit gemacht hat und daß sie durch das Gebet immer tiefer „eins geworden" ist mit Jesus und seinem heiligen Willen.

4. Gebet und Arbeit

Ein tiefes Wort von Jaques Maritain lautet: „Was wir heute brauchen, ist die Kontemplation auf der Straße." Hier fordert ein Prophet unserer Zeit jenen Christen, der durch sein Dasein Gott gegenwärtig werden läßt, der das Evangelium lebt.
Nach Thomas von Aquin sollte jede Aktion aus der Kontemplation hervorgehen. Bei Therese finden wir diese Forderung verstärkt wieder, wenn sie z. B. behauptet: „Gutes zu wirken ohne die Hilfe Gottes ist ebenso unmöglich, wie die Sonne bei Nacht scheinen zu lassen." Dies bedeutet, daß wir nur in Gottverbundenheit fruchtbar wirken können. Hier klingt deutlich das Wort Jesu an: „Getrennt von mir könnt ihr nichts tun!" (Jo 15,5)
Gefordert ist hier nicht nur, daß Zeiten des Gebetes und der Arbeit sich sinnvoll ergänzen müssen, es wird vielmehr deutlich, daß wir letztlich zwischen Gebet und Arbeit gar nicht trennen dürften, wenn tatsächlich alle Aktionen *aus* der Kontemplation herauswachsen sollen, wenn wir auf Schritt und Tritt, also in jedem Augenblick, *mit* Gott planen und *aus* Gott handeln sollen.
Für diese ständige Aktion aus der Kontemplation heraus findet Therese ein Bild im Alten Testament: „Ich las eines Tages, daß die Juden beim Bau der Mauern Jerusalems mit der einen Hand arbeiteten und mit der anderen das Schwert hielten. Auch wir müssen es so machen, uns nie ganz der Arbeit ausliefern." Es geht ihr um das Ausgerichtet-Bleiben auf Gott hin, auch bei der Arbeit; es geht ihr um das Kommen-von-Gott-Her, bei jedem Gang zu den Menschen und in jeder Aktivität.
Therese geht noch einen Schritt weiter. Für sie ist echte Kontemplation, die nicht sich selber, sondern Gott allein sucht, in sich schon höchste Aktion, also fruchtbarstes Apostolat. Je mehr ein Mensch die Einigung mit Gott und den Einklang mit Seinem heiligen Willen sucht, desto mehr kommt durch dieses durchlässige Glied hindurch Gottes Liebe zum Strömen hinein in die ganze Kirche, besonders in die leidenden und streitenden Glieder, die der heilenden und verwandelnden Lebenskraft am meisten bedürfen. Oder umgekehrt: Je mehr sich ein Mensch von Gott anziehen und verwandeln, in Gottes Liebe verbrennen läßt, desto mehr Menschen wird er mit hineinziehen in diesen „Glutofen der Liebe Gottes", damit sie mitverbrannt und mitverwandelt werden. Therese spricht hier wie von einem Naturgesetz des

geistlichen Lebens, von einem Gesetz der Anziehungskraft, das sie entdeckt hat durch das Wort des Hohenliedes, das für sie zu einem Schlüsselwort und einem Stoßgebet wird: „Ziehe mich an dich, und wir werden eilen..." (Hl 1,3); wir können sogar noch jene mitziehen zu Gott, die sich von uns nicht mehr religiös beeinflussen lassen.

Der Erzählung von Maria und Martha gibt Therese eine neue Auslegung. Maria hat nicht deshalb „den besten Teil erwählt" (vgl. Lk 10,42), weil sie der beschauliche Typ ist. Was Jesus an Martha tadelt, ist nach Thereses Deutung nicht ihre betonte Aktivität, sondern ihre innere Unrast, durch die sie sich vom Herrn entfernt. Das Wichtigere ist das Beim-Herrn-Sein, das Hinhören, das Auf-Ihn-Eingehen. Maria, Marthas Schwester, hat gewiß auch gearbeitet, aber das Beim-Herrn-Sein war ihr allezeit das Wichtigste. Auch Maria, die Mutter Jesu, hat, wie Therese betont, ein Leben lang gearbeitet, aber sie war gleichzeitig auf Gott hin geöffnet. Therese erinnert an den gelehrten Archimedes, der einen Stützpunkt suchte, um mit einem Hebel die Welt aus den Angeln zu heben. Nach Therese haben die Heiligen diesen Stützpunkt gefunden.

Gott ist dieser Punkt, und der Hebel ist das innerliche Gebet, das ständige Leben in Gott und aus Gott. Therese interessiert es nicht, was wertvoller ist, Aktion oder Kontemplation. Sie stellt nur fest: In-Gott-Sein ist alles. In-Gott-Sein, oder wie Paulus es ausdrückt: Mann und Frau in Christus werden (vgl. 2 Kor 12,2), das ist unsere wichtigste Aktivität und unser fruchtbarstes Apostolat. Ihr war es verwehrt, aktive Apostolatsarbeit zu leisten oder ein Missionsgebiet auch nur zu sehen. Ihr Platz war scheinbar weltabgewandt hinter Klostermauern. Sie lebte verborgen und unbekannt wie Maria, wie Josef und wie Jesus in Nazareth. Aber die Kirche bekam nach Thereses Tod sehr schnell eine Ahnung, wieviel Segen von dieser ganz auf Gott hin geöffneten Karmelitin ausgegangen war und noch immer ausgeht. Die Kirche hat intuitiv im Heiligen Geist gehandelt, als sie Therese zur Patronin der Missionen erklärte. Kein Beruf konnte ihr genügen, bis sie einen entdeckte, der alle umfaßt: „Herz der Kirche" zu sein. Sie wollte „im Herzen der Kirche die Liebe sein"; denn die Liebe allein hält alles in Bewegung, deshalb „zählt die Liebe allein". Unter Liebe versteht sie das Christus verbundene Leben, und nur in Christus weiß sie sich mit allen

Gliedern seines Leibes, mit allen Menschen verbunden, und in Christus und mit Christus kann sie allen zur Lebensspenderin werden. „Ich begriff, daß die Liebe alle Berufungen in sich schließt, daß die Liebe alles ist, daß sie alle Zeiten und Orte umspannt. Mit einem Wort, daß sie ewig ist. Da rief ich im Übermaß meiner überschäumenden Freude: O Jesus, meine Liebe, endlich habe ich meine Berufung gefunden. Meine Berufung ist die Liebe! Ja, ich habe meinen Platz in der Kirche gefunden, und diesen Platz, mein Gott, den hast du mir geschenkt. Im Herzen der Kirche, meiner Mutter, werde ich die Liebe sein, so werde ich alles sein, so wird mein Traum Wirklichkeit werden!"

III. Kleine Schritte

1. *Frohsein vor Gott*

„Therese ist wohl die fröhlichste Heilige, die wir kennen. Sie zeigt, wie spannend und bezaubernd es ist, in der Intimität Gottes zu leben. Alles Feierliche war ihr zuwider, und sie hat in ihrer schelmischen Art die Kritik nicht gescheut. Sie hat das Fürchten nicht gelernt. Sie hat vielmehr Freude am Abenteuer, Gott zu lieben, und mit Gott die Welt zu lieben, erscheint ihr als das tollste Abenteuer.
Wir Spießbürger haben aus dem Christentum eine komplizierte, sauertöpfische, unzeitgemäße Sache gemacht. Wir sind offenbar zu alt. Gott ist ewig jung und braucht Jugend, die sein Temperament und seinen Humor ausstrahlt. Lisieux ist sehr aktuell."
(Hans Urs von Balthasar)
Wir wissen es wohl alle aus Erfahrung: Wer verliebt ist, kreist in seinen Gedanken fast ständig um den, den er liebt. Jesus sagt einmal in einem Bild: „Wo dein Schatz ist, da ist auch dein Herz" (Mt 6,21). Therese folgert daraus: „Unser Herz muß dort verankert sein, wo Jesus ist!" Wer liebt, möchte auch dem, den er liebt, immer wieder Zeichen, also Beweise seiner Liebe geben. Therese erhielt in ihren ersten Klosterjahren, im Oktober 1890, Besuch von ihrer jungverheirateten Cousine Johanna Néele, geb. Guérin. Diese erzählte ihr begeistert von ihrem Mann, und mit wie vielen Aufmerksamkeiten sie ihn umgebe. Therese gesteht, dieses Gespräch habe sie mächtig bewegt. Kurzentschlossen und energisch, wie sie war, schwört sie sich: Nie soll eine Ehefrau mehr für ihren Mann tun als ich für meinen besten und einzigen Freund Jesus. Dieses ganz auf Jesus ausgerichtete Leben hat sie von da an noch intensiver geübt.
Therese selbst weiß sich von Jesus immer in Liebe angeschaut, oder, wie sie im Bild sagt: Sie weiß sich stets in und unter der göttlichen Liebessonne. So will auch sie alles bewußt vor Jesus und für Jesus tun. Sie faßt den Vorsatz, ihm stets und in allem Freude zu machen. Sie sieht ihr Leben vor Jesus, mit Jesus und für Jesus nicht so, als ob dies etwas ewig Strenges und Mühsames wäre; sie will nicht stöhnen und jammern, sondern ihm zulächeln und singen. Ihr französischer und jugendlicher Charme

kommt in diesem Vorsatz zum Ausdruck: „faire plaisir" – Jesus Freude machen!
Therese ist davon überzeugt, es komme Jesus gegenüber nicht auf große Geschenke an. Ihm imponieren weniger die großen Leistungen als die ungezählten kleinen Aufmerksamkeiten des Alltags. Auch eine Mutter würde zu ihrer Familie sagen: Was nützt mir das, wenn ihr mich am Muttertag großartig beschenkt und verwöhnt, aber das ganze Jahr über rücksichtslose Egoisten seid? Therese entwickelte in sich jenes Gespür, was ihren Freund Jesus, der sie in Liebe anschaut, gerade jetzt erfreut. Sie sagt es in einem Bild: „Wir müssen Ihm oft in die Augen schauen, um zu wissen, was er von uns erwartet." Es war dies offensichtlich schon in ihrer Kindheit ihre wichtigste religiöse Übung, denn sie faßt ihre mehr als vierjährige Vorbereitung auf die Erstkommunion in einem ähnlich tiefen Bild zusammen: „Lange haben sich Jesus und die kleine Therese angeschaut, und sie haben sich verstanden."
Dieser ständige Blick auf Jesus, dieses fortwährende Reagieren auf ihren unsichtbar gegenwärtigen Freund, macht sie auch unabhängig ihrer Umgebung gegenüber. Wenn sie bei ihren Mitmenschen keine Beachtung findet, vielleicht sogar Undank erntet und Mißachtung erfährt, kann sie sich trösten: Jesus, ich habe Dich! Du siehst mich! Du weißt um meine tiefsten Absichten! Dir will ich Freude machen! Du liebst mich, wie ich bin; das genügt mir!
Schließlich geht sie noch einen Schritt weiter: Um jeden Egoismus auszuschließen, um sicher zu gehen, daß sie Jesus selbstlos dient, spricht sie manchmal die törichte, unerfüllbare Bitte aus: Jesus, ich liebe dich so sehr, daß ich dir gern Freude machen möchte, ohne daß du es merkst, daß ich es war. Denn wenn du den Absender kennst, bist du verpflichtet, mir zu vergelten; diese Mühe möchte ich dir ersparen.
Dieses Leben vor Jesus und für Jesus, diese Treue in den kleinen Dingen ist kein Egoismus zu zweit. Bei allem Tun und Lassen hat Therese nie ihre Mitmenschen vergessen oder ausgeschlossen. Sie weiß, daß sie immer stellvertretend für viele vor Jesus lebt. Sie weiß: Wenn sie alles aus Liebe tut, geht Segen aus für viele Menschen. Thereses Brüder aber sind vor allem Sünder und Gottferne; jene, die nicht für Gott leben, sondern um sich selbst kreisen.

2. Im Heute leben

Wer Jesus „Freude machen will", muß wach und aufmerksam leben und den gegenwärtigen Augenblick ernst nehmen. Der Mensch, mit dem ich gerade zu tun habe, ist der wichtigste, in ihm begegnet mir Jesus. Folglich muß ich ihm zugewandt sein und darf mit dem Herzen nicht abschweifen. Die Arbeit, die ich gerade tue, ist Jesus eine Freude, wenn ich sie bewußt vor ihm und für ihn tue. Das Kreuz, das ich gerade trage, fordert meine ganze Kraft. Deshalb sagt Therese: „Ich leide immer nur von Augenblick zu Augenblick, von Minute zu Minute... Wenn ich mir heute schon vorstelle, morgen kommt es noch schlimmer, verliere ich den Mut. Aber wenn mir Jesus morgen noch mehr schickt, muß und wird er mir auch mehr Kraft schicken... Ich suche mir auch nie selbst ein Kreuz, denn das wäre dann mein Kreuz und ich wüßte nicht, ob ich es auch tragen könnte!" Therese lebt ganz in der Haltung: „Herr, gib mir Kraft nur für heute!" Sie verbietet es sich, unnötig in der Vergangenheit und ängstlich in der Zukunft zu leben.

3. Freude bereiten

Wer Jesus Freude bereiten will, muß *die Mitmenschen froh machen*, in denen uns Jesus bevorzugt begegnet. Ich kann es mir nicht leisten, launisch, traurig, mißmutig dreinzuschauen. Ich wäre für meine Umgebung eine Belastung statt eine Quelle der Freude.

Therese erhielt nach ihrem Eintritt in den Karmel zunächst einen weißen Schleier und nach ihrer Profeß einen schwarzen. Wir kennen sie in dieser Tracht aus den zahlreichen Lichtbildern. Schon vor ihren Klosterjahren legte sie einen unsichtbaren Schleier an, der mit zunehmender Reife immer dichter wurde, so daß sie, auch im unausweichlichen Zusammenleben mit etwa 20 Schwestern auf allerengstem Raum, ihr Seelenleben hinter diesem Schleier zu verbergen verstand.

Therese lebte aus dem Evangelium. In der Bergpredigt findet sie das Wort des Herrn: „Wenn ihr fastet, sollt ihr nicht trübselig dreinschaun!" (Mt 6,16). Sie hat diese Mahnung weiter ausgedeutet, etwa im Sinn des Schlagers: „Immer nur lächeln und immer vergnügt; immer zufrieden, wie's immer sich fügt. Lächeln trotz Weh und tausend Schmerzen. Doch wie's da drinnen aussieht, geht niemand was an." Man möchte erwarten, daß Therese sinngemäß diesen Text ergänzt, indem sie fortfährt: Nur Gott geht es etwas an, was in meinem Herzen vorgeht.

Sie hat also nicht versucht, mit Kummer und Leid allein fertig zu werden. Das ist gerade ihr kleiner Weg, daß sie nie mehr etwas allein tut.

Sie sagt einmal: „Ich habe viel gelitten, sehr viel sogar, geweint habe ich nur bei Maria!" Da sie eine gute Zuhörerin war, hat man auch viel bei ihr abgeladen. Damit geht sie zu ihren „himmlischen" Freunden. Ihre Mitschwestern haben sie immer aufgeschlossen und froh erlebt. So wird das Lächeln Thereses strengstes Werkzeug ihrer körperlichen und seelischen Buße" (Ida Görres). Sie hat sich selbst im Kloster noch einen zweiten Beinamen gewählt: „Vom heiligsten Antlitz". Dabei denkt sie an das entstellte Antlitz des Herrn bei der Passion, an „das Haupt voll Blut und Wunden", hinter dem niemand mit den Augen allein den Sohn Gottes entdecken konnte. Nach Thereses Meinung hat auch Maria ihr Leid nie zur Schau gestellt, sondern „alle Dinge in ihrem Herzen bewahrt" (Lk 2, 19). Therese hat ihren

Schleier nur gelüftet, wo man fragend an sie herantrat. Ihr freundliches, sonniges Lächeln ist kein falsches Spiel. Sie ist zutiefst davon überzeugt: Was ich denke, fühle, tue, ist tatsächlich nicht der Rede wert. Daß ihr Lächeln aus dem Herzen kam, erkennt man daran, daß es auf ihre Umgebung wohltuend, heilend, ansteckend und mitreißend wirkte. Wenn sie einmal in der gemeinsamen klösterlichen Erholungsstunde fehlte, löste dies allgemeines Bedauern aus: „Heute wird es nichts zum Lachen geben."

Vor allem in den letzten 18 Monaten ihres Lebens hat Therese unter der ständig fortschreitenden Tuberkulose körperlich unsagbar gelitten, ohne es zu zeigen. Gleichzeitig herrschte in ihrer Seele tiefe Glaubensnacht, so daß sie sich wunderte, daß nicht mehr Ungläubige Selbstmord begehen. Sie hätte durchaus mit Christus am Kreuz hinausschreien können: „Mein Gott, mein Gott, warum hast du mich verlassen?" (Mk 15,34); sie hat nicht geschrien, nicht gejammert; sie hat gelächelt. Ihr Beichtvater ist erschüttert, als er die Qualen ihrer Glaubensanfechtung endeckt; Therese erklärt ihm ihre aufrichtige Heiterkeit so: „Ich bemühe mich, mit Gottes Hilfe, niemals andere mit den Prüfungen zu belasten, die Gott mir zu schicken für gut hält."

So bereitet Therese Freude bis zum letzten Tag ihres Lebens. Alle, die sie am Kranken- und Sterbebett besuchten, bezeugen: Sie sprach uns Trost zu und heiterte uns auf. Jedem Besucher schenkte sie ihr bezauberndes Lächeln. Ihr Geheimnis gab sie ihren Novizinnen weiter: „Es tut gut, und gibt viel Kraft, unsere Schmerzen nicht auszuplaudern... Man schwächt sich nur selbst, wenn man sich auf dem Schlachtfeld über die Schwierigkeiten des Kampfes unterhält... Ich habe mir angewöhnt, wenn ich große Schmerzen habe, wenn mir peinliche Dinge zustoßen, mit einem Lächeln darauf zu antworten. Anfangs gelang es mir nicht immer; aber jetzt ist es schon eine Gewohnheit, und ich bin froh, sie erworben zu haben." Therese ist eine echte Tochter der großen Teresa von Avila, von der das köstliche Stoßgebet überliefert ist: „Vor sauertöpfischen Heiligen bewahre uns, o Herr!"

Es ist manchmal leichter, eine große Tat zu tun, als ständig in den kleinen Dingen das Bessere zu wählen und alles vor Jesus, mit Jesus und für Jesus zu tun. Wer mit Therese Jesus Freude machen will, braucht seinen Platz und seinen Beruf nicht zu wechseln, außer der Herr würde ihn in besonderer Weise rufen. Wir alle können Ungezählten zum Segen werden, wenn wir an unserem Platz aus Gott und für Gott leben.

Der kleine Weg Thereses ist echt, weil sie die falschen Begriffe „heroischer Tugend" widerlegt. Das Außergewöhnliche ist immer nur Gott und das Maß der Liebe, die er in einer Seele entfacht. Gott ist kein Dresseur extravaganter Seelen-Spitzenleistungen, sondern ein Liebhaber, der nichts will als eine große Liebe, und der lächelnd annimmt, was eine solche ihm erfinderisch bietet, aber alles ausschlägt, wodurch der Mensch, wenn auch noch so heimlich, vor ihm großtun will! (Hans Urs von Balthasar)

4. Liebe einüben

Wer Jesus Freude machen will, muß es lernen, ihn im Nächsten, besonders im Geringsten, wiederzuerkennen und zu lieben. Da die Liebe nicht nur das größte, sondern auch das schwerste Gebot ist, gilt hier mehr als sonst Jesu Wort: ,,Getrennt von mir könnt ihr nichts tun!"
Wir wissen heute sehr genau: Nur was man selbst erlebt und empfangen hat, kann man weitergeben. Der moderne Psychologe René Spitz formuliert es noch konkreter: ,,Ein Kind ohne Liebe wird ein Erwachsener voller Haß." Wer nie tief geliebt wurde, wer schon als Kind abgelehnt, gehaßt, gequält wurde, der kann nicht lieben; er hat keine Liebe, die er weiterschenken könnte. Zwar lautet umgekehrt ein Sprichwort: ,,Eine Kindheit voll Liebe reicht für ein ganzes Leben." Aber offensichtlich wird dieses Sprichwort vom Leben häufig widerlegt: Es gibt Menschen, die aus einer heilen, geborgenen Welt kommen und trotzdem große Egoisten werden. Also kann uns die menschliche Liebe, die wir empfangen, allein nicht garantieren, daß wir große Liebende werden. Der Frost und die Kälte einer brutalen, egoistischen Einstellung können sehr schnell alle Liebe, die wir empfangen haben, vernichten.
Es gibt nur eine Quelle, die immer fließt, an der wir immer wieder gesunden können: Diese Quelle ist Gott; denn nur ,,Gott ist die Liebe" (1 Jo 4,8), und außer ihm gibt es keine Liebe, die allen Schwierigkeiten standhält.
Erlösung von unserer Ichsucht erlangen wir nur durch Hinkehr zu Gott, zur Quelle der Liebe; durch Antwort auf Gottes Liebesangebot! Im Abendmahlssaal hat uns Jesus sein neues Gebot gegeben: ,,Wie ich euch geliebt habe, so sollt ihr einander lieben" (Jo 14,34). Wir reagieren richtig, wenn wir zunächst antworten: ,,Dies ist völlig unmöglich! Dieses Abschiedsgebot Jesu an uns ist eine totale Überforderung! Wir haben es längst erfahren, daß wir nicht einmal fähig sind, den Nächsten zu lieben wie uns selbst." Andererseits müssen wir uns aber sagen: Jesus kann nichts Unmögliches fordern. So reagierte auch Therese bei der Meditation des ,,neuen Gebotes"; und sie kam dann zu der genialen Entdeckung: Es ist offensichtlich Jesus selbst, der durch mich alle Menschen lieben will. Je mehr ich mich also mit ihm,

der die Liebe ist, verbinde, desto mehr Liebe habe ich zum Weiterschenken.

Wo ist Jesus? Wo finde ich ihn? Er wohnt in uns. Er ist immer bei uns. Folgen wir Jesu Einladung: „Wen dürstet, der komme zu mir und trinke!" (Jo 7,37). Fangen wir endlich an, diese Nähe auszunützen! Hören wir sein Versprechen: „Wer an mich glaubt, aus dessen Herzen werden Ströme lebendigen Wassers fließen" (Jo 7,38). Damit meinte Jesus, daß wir dann Liebe in Überfülle haben, daß wir sie gar nicht für uns allein behalten können, sondern daß wir sie weitergeben müssen.

Therese hat es deutlich gemerkt: Wenn ich in Gott bleibe, und je mehr ich mit ihm Verbindung halte, desto mehr kann ich lieben. „Ich spüre", sagt sie wörtlich, „je mehr ich mit Jesus vereint bin, umso freudiger eile ich auf dem Weg seines Gebotes: Liebet einander, wie ich euch geliebt habe!" Die Liebe wurde so sehr ihr Lebensinhalt, daß sie am Lebensende sagte: „Wenn ich im Himmel nichts Gutes tun könnte, dann möchte ich lieber, auch wenn ich leiden müßte, bis ans Ende der Welt auf dieser Erde bleiben, um Liebe schenken zu können." Sie wußte, daß auf dem engen Platz, auf dem sie lebte, ihre Liebe sehr vielen Menschen gehörte, nicht nur ihren Mitschwestern. Sie wußte, daß Liebe eine Kraft ist, die sich über alle Glieder des Leibes Christi ausbreitet. Aber sie erwartet vom Himmel aus eine noch größere Wirksamkeit: „Ich werde die ganze Welt lieben dürfen." Und sie fügt sogar die kühne Behauptung hinzu: „Ich weiß, die ganze Welt wird mich lieben."

Wenn das Herz des Menschen mit Gottes Herz völlig eins wurde, kann es nur noch lieben, weltweit und allumfassend. Thereses Abschiedswort lautet: „Nur die Liebe zählt." Die Liebe Gottes, der sie sich ganz geöffnet hatte, heilte sie von ihren Wunden, Schwächen und Fehlern. Die Liebe Gottes befähigte sie, weiterzugeben, wonach sie einst selbst gehungert hatte, nämlich Liebe im Übermaß. Sie hatte gelernt, Gottes Liebe einzuatmen und sie Tag für Tag ausatmend weiterzugeben. Sie selbst lebte an der Quelle der Liebe, sie lebte von der Liebe Gottes und gab sie weiter und wußte: Auch die Ewigkeit kann nur ein Leben aus Liebe sein.

Thereses Weg nach innen ist einfach und einsichtig. „Einfach" bedeutet aber nicht „leicht", besonders wenn wir allzu lange unserem Ich gehuldigt und vielleicht Jahrzehnte lang geübt haben:

„Jeder ist sich selbst der Nächste". Es tut dann sehr weh, und alles sträubt sich in uns, wenn wir ständig üben sollen: Weg von mir – Hin zu Gott in mir. Aber Jesus muß mein Leben bestimmen; von ihm kommt alle Wegweisung; er ist meine Stärke; allein auf ihn will ich mich verlassen.
Religion besteht nicht in vielem Wissen, sondern im vielen Üben, im Einüben der Liebe! Wie Therese sagte: Unser „Beruf" muß die Liebe werden, weil eines Tages „nur die Liebe zählt". Nach nichts anderem werden wir am Jüngsten Tage gefragt.

IV. Werkzeug der Erlösung

1. *Hinführung der Menschen zu Gott*

Therese hat früh Sinn und Wert des Leidens erkannt und deshalb das Kreuz in ihrem Leben als wichtigstes Mittel zur Rettung der Welt bejaht. Mit 14 Jahren, an einem Julisonntag 1887, ergeht an sie der ganz persönliche Ruf Jesu, seine Mitarbeiterin zu werden. Seine durchbohrte blutende Hand auf einem Kreuzesbild hat sie am Ende einer Messe aufgeschreckt. Entsetzt bemerkt Therese, sein Blut fließt nutzlos zur Erde. Therese deutet ihre innere Erschütterung, den Schmerz ihres Herzens, das sich „zusammenkrampfte", als eine Herausforderung Jesu. Künftig sind die Sünder, die blind in das ewige Unheil rennen, ihre hilfsbedürftigen Brüder, die sie zurückholen will unter das Kreuz. Für Therese war der Karmel der beste Platz unter Jesu Kreuz, und sie kämpfte mit letztem Einsatz, dorthin zu gelangen, so daß sie sogar nach Rom fuhr, um in einer Audienz Papst Leo XIII. anzusprechen.

Für jeden von uns hat der Herr je einen anderen „Standort" unter seinem Kreuz ausgewählt. Unsere gefährdetsten Brüder, die am nötigsten Hilfe brauchen, sind die vielen gottfernen Menschen in unserer engeren und weiteren Umgebung. Therese spricht vom Schrei Jesu, der ununterbrochen in ihrem Herzen nachklingt: „Mich dürstet!" Jesus schreit nach Menschen, die sich von ihm lieben, heimholen, retten lassen. Therese will ihrem Freund zu trinken geben, indem sie bereitwillig ihr Kreuz auf sich nimmt zum Heil ihrer Brüder. Gerade im Karmel rechnet sie mit dem Kreuz. „Bei meinem Eintritt in den Karmel hatte ich keine einzige Illusion. Ich fand das Klosterleben so, wie ich es mir vorgestellt hatte. Kein Opfer überraschte mich... Das Leiden streckte seine Arme nach mir aus, und ich warf mich mit Liebe hinein."

So sehr sie auch das Leiden schätzt, so hat sie doch das Kreuz nie gesucht. Gott wird sorgen, daß sie in dieser Richtung nie arbeitslos wird. „Ich möchte niemals Gott um größere Schmerzen bitten, denn es wären dann meine eigenen Schmerzen. Ich müßte sie allein ertragen, und ich habe doch nie irgendetwas allein zustande gebracht." „Gott gibt mir den Mut in einem genauen

Verhältnis zu meinen Schmerzen. Ich fühle, daß ich im Augenblick mehr nicht aushalten könnte; aber ich habe keine Angst; denn wenn die Schmerzen sich steigern, dann wird er gleichzeitig auch meinen Mut steigern." "Ich bin froh, Gott nicht um Leiden gebeten zu haben; denn so ist er verpflichtet, mir Mut zu geben." Therese ist vom apostolischen Wert des Leidens so überzeugt, daß sie den kühnen Vergleich wagt: "Die Engel können nicht leiden, sie sind nicht so glücklich wie ich." Aber nicht sie wählt sich Kreuz und Leid, Gott wählt für sie, sie nimmt nur an, sie wählt die Wahl Gottes.

Thereses kleiner Weg besteht darin, alles Eigene abzubauen, um Gott allein verfügen zu lassen. "Niemals könnte ich Gott bitten, mir größere Leiden zu schicken, denn ich bin zu klein." "Ich werde (auch) nie darum beten, der göttlichen Tröstungen beraubt zu werden, sondern nur der Illusionen und Freuden, die von Gott wegführen könnten." Zum Durchsetzen ihres eigenen Willens sagt sie: "Ich kenne dieses Gewerbe nicht." Was sie immer ausschließlicher sucht, ist der Einklang mit Gottes Willen. "Heute leitet mich nur noch die Hingabe, ich habe keinen anderen Kompaß mehr. Ich kann um nichts mehr feuriger bitten, außer, daß der Wille Gottes sich über mir vollkommen erfülle."

Ihr Kampf gegen jeglichen Eigenwillen macht Therese nicht unmenschlich. Es bleiben ihr viele Wünsche, die sie auch weiterhin bei ihrem "besten und einzigen Freund Jesus" vertrauensvoll äußert. "Ich habe mich nie nach menschlichem Ruhm gesehnt. Eine Zeitlang zog mich die Verachtung an, aber seitdem ich erkannte, daß das immer noch zu ruhmvoll für mich sei, habe ich mich ganz in das Vergessensein verliebt." Nicht in der "großen Nacht" will sie Johannes vom Kreuz gleichen, sondern in dem unbemerkten Verschwinden in der Gewöhnlichkeit: "Das ist mir aufgefallen, als ich das Leben des heiligen Johannes vom Kreuz las. Sagte man nicht von ihm: Der Bruder Johannes, der ist nicht einmal ein durchschnittlicher Ordensmann!" Der Tautropfen wird ihr zum Vorbild, der eine Zeitlang ein winziges Bild der großen Sonne ist und dann "sehr bald in leichten Dunst zerrinnt". Er verduftet, unsichtbar, in die Sonne hinein, aufgegangen in das einzige Licht.

Um bei ihren vielen Wünschen und Sehnsüchten immer im Willen Gottes zu bleiben und um ihn nicht unnötig zu belästigen, übergibt Therese alles, was ihr stürmisches Herz bewegt, Maria:

,,Gar oft habe ich die Muttergottes gebeten, Gott zu sagen, er solle mit mir keine Umstände machen. Sie ist es, die meine Bestellungen ausrichtet. Ich verstehe nichts von dieser meiner Krankheit: Im Moment geht es wieder besser! Aber ich überlasse mich und bin glücklich. Was würde aus mir, wenn ich hoffte, bald zu sterben! Was für Enttäuschungen! Aber ich habe keine, weil ich mit allem zufrieden bin, was Gott macht."
So bleibt Therese immer ganz Mensch, sie unterdrückt und verdrängt nichts, sie gibt alles weiter im festen Vertrauen, Jesus macht alles gut, weil er sie unendlich mehr liebt als sie sich selbst liebt. Wenn er ihr einen Wunsch, eine Bitte verweigert, dann will sie ihn noch mehr lieben, weil er nur das erhören kann, was ihr und ihren Brüdern zum Heile dient. ,,Ich bin niemals enttäuscht, weil ich mit dem, was Gott tut, immer zufrieden bin. Ich wünsche nur seinen Willen." ,,Die einzige Seligkeit auf Erden ist es, sich zu bemühen, den Anteil, den der Herr uns gibt, immer herrlich zu finden." Weil Jesus frei ist im Geben und Verweigern, weil Therese nur will, was er will, kann sie weiterhin bis an ihr Lebensende spontan Wünsche äußern. So möchte sie nicht an einem Fest sterben, weil das nicht zum Stil ihres kleinen Weges passen würde. Auch nicht in der Nacht: ,,Heute Nacht werde ich nicht sterben, glaubt mir. Ich habe den Wunsch gehabt, nicht des Nachts zu sterben, und ich habe die Muttergottes darum gebeten." Es wird aber eine Zeit kommen, wo auch all diese Wünsche in Erfüllung gehen: ,,Im Himmel wird Gott all meine Wünsche erfüllen müssen, weil ich auf Erden nie meinen Willen getan habe."
Therese hat in ihrem Leben im Grunde nur eine einzige Anstrengung gekannt: Mit Jesus verbunden zu bleiben und alles von ihm allein zu erwarten. Es war ein steter Verzicht auf eigene Verfügung und ständiges Sich-Einpassen in die göttlichen Fügungen. Diese ihre Anstrengung, diese ständige Übung des Wandels in seiner Gegenwart, wird die Quelle ihrer Kraft, ihrer weltweiten Wirksamkeit. Therese geht niemals darauf aus, ein Hindernis direkt zu nehmen, vielmehr hält sie voll Vertrauen den Blick immerzu auf Jesus allein gerichtet und lädt ihn dadurch ein, in ihr und durch sie zu wirken.
Anstatt sich zu beunruhigen, wirft sie ihr ganzes Vertrauen auf Gott. Ihm stellt sie sich anheim, auf ihn hält sie ihr Herz offen, um ihn aufzunehmen, um sich von ihm verwandeln zu lassen.

Dieser Sprung in die Liebe, diese Unbedingtheit ihres Strebens nach Gott, diese „Bereitschaft des Herzens" haben es Gott ermöglicht, sie ganz in den Dienst zu nehmen und ihre kühnen Erwartungen noch weit zu übertreffen, indem er selbst ihre Heiligkeit wurde. Sie definiert schließlich aus Erfahrung den Weg zur Heiligkeit so: „Die Heiligkeit besteht in einer Herzenseinstellung, die uns demütig und klein macht in den Armen Gottes, unserer Schwäche bewußt und vertrauend bis zur Kühnheit auf seine Vatergüte."

2. Heiligung der Priester

Jesu Schrei am Kreuz: „Mich dürstet", wurde für Therese zu einem „Schrei", der sie ein Leben lang verfolgt, der – wie sie sagt – seit jenem Juli-Sonntag 1887, dem Tag ihrer Berufung zur Missionarin, „ununterbrochen in meiner Seele widerhallte". Jesus schreit nach Menschen, die an seine Liebe glauben, die sich seiner Liebe öffnen, die sich von ihm lieben, anziehen, führen, helfen, retten lassen. Therese will sich besonders um jene kümmern, nach denen Jesus am eindringlichsten schreit, weil sie am gefährdetsten sind: Die Sünder und die Ungläubigen, aber auch die Priester und Missionare, die berufen wären, Wegweiser zu Jesus zu sein, die aber leider oft Mietlinge, statt gute Hirten sind. Therese hatte von ihrem Elternhaus her ein ideales Bild vom Priester, bis ihr auf einer Pilgerfahrt nach Rom die Augen aufgingen. Damals, mit 14 Jahren, hat sie entdeckt: Man muß viel beten für die Priester. Sie haben es nötig. Dies heißt nach ihrer Meinung, „das Geschäft im großen führen, denn durch das Haupt gewinnt man die Glieder". Wenn die Priester echte Strahlkraft von innen haben, wenn sie Christus ausstrahlen, können sie auch andere für Christus begeistern. Umgekehrt, wenn die Priester kein mitreißendes Beispiel geben, hat dies verheerende Auswirkungen. Statt zu jammern über Priestermangel, hat Therese gebetet und geopfert um christusbegeisterte geistliche Berufe.

Wie Mose betend vor Gott stand, als sein Volk gegen die Amalekiter kämpfte – sooft Mose die Arme sinken ließ, drohte seinem Volk der Untergang – so will Therese für die Missionare betend vor Gott stehen, weil alle Aktionen nur dann fruchtbar sind für das Reich Gottes, wenn sie durch Gebet und Opfer unterstützt werden. Therese ermutigt alle, die „nur" beten können, keine Minderwertigkeitsgefühle zu haben, denn alle Menschen sind auf dieses Miteinander und Füreinander angewiesen.

Thereses Gebet gilt den gefährdeten Priestern und Ordensleuten: „Ach, wieviele schlechte Priester gibt es, Priester, die nicht heilig genug sind. Beten wir, leiden wir für sie... Ermüden wir nicht im Gebet, das Vertrauen bewirkt Wunder."

Die Priester sollen nach Therese durch Predigt, Gebet und Opfer fortsetzen, was Jesus Christus auf Erden begonnen hat. Damit die Priester sich auf ihr Amt und ihre Berufung nichts einbilden, sind sie schwache Menschen. Es wird im Hebräerbrief betont (vgl. 5,2–3): „Sie müssen mitfühlen können mit den Unwissenden und Irrenden, weil sie selbst mit Schwachheit behaftet sind. Auch für ihre eigenen Sünden müssen sie Sündopfer darbringen". Merken wir etwas? Es ist also gar nicht so verwunderlich, wenn wir viele Schwachheiten und Armseligkeiten bei unseren Priestern entdecken.

Therese fühlt sich wie die Samariterin am Jakobsbrunnen von Jesus angebettelt: „Gib mir zu trinken!" Sie verspürt in sich einen „brennenden Durst", der sie quält, pausenlos für Jesus „Seelenfischerin" zu sein. Die Mittel ihres Apostolates, die wichtigsten, die den meisten Christen zur Verfügung stehen, sind Mit-Beten mit dem betenden Jesus: „Konntet ihr nicht eine Stunde mit mir wachen?" und Mit-Leiden mit dem Gekreuzigten: „Wer mein Jünger sein will... nehme täglich sein Kreuz auf sich und folge mir nach."

Die bekannteste Missionarin unserer Tage, die in Therese ihr großes Vorbild sieht, mit der sie auch innerlich zutiefst verwandt ist: Teresa von Kalkutta oder „Mutter Teresa" sieht für sich und ihre Schwestern („die Missionarinnen der Nächstenliebe") im Schrei Jesu am Kreuz das Schlüsselwort des Apostolates: „In jedem unserer Häuser steht dieses Wort, dieser Schrei unseres Herrn: „Mich dürstet!" Darin besteht unser Lebensprogramm, daß wir seinem Durst, seinem Verlangen nach Liebe genügen... Jesu Kreuz und Jesu Wort „Mich dürstet" haben wir täglich vor Augen... Wer sonst sollte den Durst des geliebten Herrn stillen, wenn nicht wir? Er ist ja unser Meister, unser Herr, unser Bräutigam, dem wir angetraut sind, dem wir angehören, jede von uns mit Leib und Seele". Ihre wichtigsten Mitarbeiter auf ihrem Missionsfeld sieht Mutter Teresa in den „Gelähmten, den Krüppeln, den unheilbar Kranken", die sich freiwillig den Missionarinnen zugesellen, „denn das Opfer ihrer Leiden wird Christus viele Seelen zuführen". Einer vom Leid Heimgesuchten schreibt Mutter Teresa: „Unser Herr muß Sie sehr liebhaben, wenn er Sie in so großem Maße an seinen Leiden teilhaben läßt. Sie sind glücklich zu preisen, denn er hat Sie erwählt!" Dann bittet Mutter Teresa um die Zusammenarbeit: „Seien Sie tapfer und froh und opfern Sie ihre Leiden für mich auf, damit ich Gott viele Seelen zuführen kann..."

Weil die Missionare an der „Front" den Nachschub von der „Etappe" notwendig brauchen, ordnet Mutter Teresa jeder ihrer

Schwestern, jeder „Missionarin der Nächstenliebe", eine leidende Schwester zur Seite: „Jede Schwester wird ein zweites Selbst haben, das für sie betet und leidet, und beide werden in dieser Stütze eine neue Kraftquelle finden, und sie werden ein brennendes Licht sein, das sich für die Seelen verzehrt."
Mutter Teresa hat also ihr Vorbild verstanden, sie bestätigt die Sendung Thereses als Patronin der Weltmission, wenn sie entdeckt, daß die stillen Beter, besonders die Kranken und alten Menschen, mehr Schenkende als Beschenkte sind, wenn sie im Leiden mit Jesus die höchste Form des Apostolates erkennen. Mit Recht betont Mutter Teresa: „Das Leiden für sich allein ist nichts, aber das mit dem Leiden Christi geteilte Leiden ist ein wunderbares Geschenk..." Und noch einmal ermutigend an die Adresse aller verborgenen Kreuzträger: „Wie schön ist doch Eure Berufung... Ihr seid Träger der Liebe Gottes... Mein Herz faßt Mut bei dem Gedanken, daß ich Euch habe..."

3. Für die Nicht-Glaubenden dasein

Es gibt ein Gedicht von Hermann Hesse, dessen vierte Strophe lautet:

> „Seltsam, im Nebel zu wandern, Leben ist einsam sein;
> Kein Mensch kennt den andern, Jeder ist allein."

Diese Wahrheit haben wir wohl alle schon schmerzlich erfahren: Letztlich ist jeder Mensch im Tiefsten einsam und unverstanden. Wir verspüren es häufig, wenn wir unsere Freunde am nötigsten bräuchten. Aber auch umgekehrt müssen wir entdecken und traurig eingestehen: Nicht einmal die vertrautesten Menschen, die wir schon lange lieben, kennen wir richtig. Jeder Mensch ist voller Überraschungen, und vor Enttäuschungen sind wir nie sicher.

Für einen religiösen Menschen bleibt immer ein Trost: Einer kennt mich wirklich, einer liebt mich immer. Einer bejaht mich weit mehr, als ich mich selber je annehmen kann: Gott! So kommen alle Heiligen zu dem Schluß: „Gott allein genügt" (Teresa von Avila). Doch kann es passieren, daß auch bei ihnen dieses letzte und tragende Fundament „Gott allein" eines Tages wankt und schwankt und nicht mehr zu tragen scheint; daß nicht nur die besten Freunde gerade dann, wenn wir sie brauchen, im Nebel verschwinden, sondern auch Gott selber.

Therese, die für „Jesus, ihren besten und einzigen Freund", alles gewagt und hingegeben hatte, muß in einer Zeit, in der sie ihn am nötigsten gehabt hätte, und in der sie bereits vom Tode gezeichnet war, feststellen: „Plötzlich verdichten sich die Nebel um mich her; sie dringen in meine Seele ein und umhüllen sie derart, daß ich in ihr das vertraute Bild meiner Heimat nicht mehr wiederzufinden vermag. Alles ist entschwunden... Die Finsternis scheint mich zu verhöhnen und mir zuzurufen: Du träumst von Licht, von... Heimat... Du hoffst, eines Tages den Nebeln, die dich umfangen, zu entrinnen! Nur zu, nur zu! Freu dich auf den Tod! Er wird dir nicht das geben, was du erhoffst, sondern eine noch tiefere Nacht: Die Nacht des Nichts!" – Therese spricht von der ewigen Heimat, die für sie völlig im Nebel verschwunden ist; in Wirklichkeit spricht sie von Gott. Sie fürchtet die Gotteslästerung, sie fürchtet, andere in ihre Glaubensanfechtungen

hineinzuziehen. Deshalb umschreibt sie den Namen Gottes mit den Worten ,,Himmel" und ,,Jenseits".
Therese war schon lange daran gewöhnt, ,,in einem unterirdischen Gewölbe" zu wandern, ,,wohin kein Sonnenstrahl dringt". Aber sie wußte sich in diesen Lebensjahren immer noch von Jesus begleitet und an der Hand geführt. Sie fühlt sich mit ihm, dem ,,Gottesknecht" des Propheten Jesaja, ,,der von Gott geschlagen und gedemütigt wurde", solidarisch. Noch war sie glücklich, ihn auf seinem schwersten Weg begleiten zu dürfen, zusammen mit ihm für die Welt etwas tun zu dürfen. Sie ging auf alle Schläge ein, wie ein Liebender, der bereit ist, um seines besten Freundes willen alles Schwere auf sich zu nehmen. Aber plötzlich, 18 Monate vor ihrem Sterben, verlor sie diese Sicherheit: Ich bin auf seinem Weg, ich teile sein Geschick. Jetzt spricht Therese von einer ,,bis zum Himmel ragenden Mauer", vor der sie plötzlich steht, von einem ,,dunklen Tunnel", dessen Finsternis man erfahren muß, weil man sie mit Worten nicht beschreiben kann.
Hier geschieht etwas völlig Unerwartetes: Statt zu verzweifeln; statt den sie bedrängenden Selbstmordgedanken nachzugeben; statt des Protestes gegen Gott versucht sie wieder die Hingabe an Gott und an seinen unbegreiflichen Willen. Im radikalen Glaubenszweifel versucht sie, radikal festzuhalten an Gottes Liebe: ,,Ich glaube, seit einem Jahr habe ich mehr Glaubensakte erweckt als in meinem ganzen Leben." Sie antwortet der Versuchung, den Glauben an Gott aus dem Herzen zu reißen, mit ungezählten Glaubensakten, mit Stoßgebeten des Glaubens.
Sie sucht nach einem Sinn dieser grausamen Nacht und findet ihn: ,,(Früher) konnte ich mir nicht vorstellen, daß es Gottlose gäbe... Ich meinte, sie sprächen gegen ihre Überzeugung, wenn sie die Existenz des Himmels leugneten." Für diese Menschen ohne Glauben, ob verschuldet oder unschuldig, will sie ihre Glaubensnot aufopfern. Sie ist überzeugt, daß ihr Gott eine neue Menschengruppe zuordnen wollte, für die sie betend und opfernd da sein soll. Sie deutet ihre Glaubensnacht als Auftrag. Die Art der Anfechtungen zeigt ihr ihre neuen, bisher übersehenen Brüder und Schwestern.
Vor neun Jahren war es, daß Christus, ihr mit seinem Kreuzesbild das Apostolat gezeigt hatte, für die Sünder dazusein. Ein Jahr später entdeckt Therese auf ihrer Romwallfahrt, daß auch

die Priester dringend des Gebetes bedürfen; sie konzentriert sich auf sie, denn sie meint, ,,durch das Haupt gewinnt man auch die Glieder." Schließlich zeigt ihr Gott die gefährdetsten Menschen. Therese schenkt ihnen das Allerletzte und Schwerste, was sie zu leiden hat: ,,Ich bin bereit, das Brot der Schmerzen zu essen, solange du es willst... Mögen doch (dafür) alle, die von der Fackel des Glaubens nicht erleuchtet werden, endlich ihren Lichtschein erblicken!"

Bis zuletzt blieb Therese sich selbst treu. Den Weg des absoluten Gottvertrauens, den sie lehrte, ging sie auch unter den extremsten Belastungen. Weder Todesangst noch Glaubensnacht, die auf sie einstürmten, konnten ihr die Überzeugung rauben, die sie noch wenige Stunden vor ihrem Sterben zum Ausdruck brachte: ,,Der Kelch ist bis zum Rande gefüllt. Aber Gott verläßt mich nicht. Er hat mich niemals im Stich gelassen."

4. Schwester und Wegbegleiterin

Es war kein Zufall, daß Therese zwei Jahre vor ihrem Sterben ,,die Geschichte einer Seele" schreiben mußte. Für Millionen Christen und auch für viele Nichtchristen wurde diese ihre Selbstbiographie zu einem anschaulichen und einladenden Lehrbuch, wie jeder Mensch an seinem Platz mit Gott vertraut zusammenleben und fruchtbar zusammenarbeiten kann.
Therese hat erst auf ihrem Sterbebett begriffen, wozu diese ,,Geschichte einer Seele" dienen sollte: ,,Man wird Gott noch mehr lieben lernen, und die ganze Welt wird mich lieben...' Trotz ihrer kühnen Voraussage: ,,Meine Mutter, diese Hefte werden viel Gutes wirken", ist sie der Meinung, ihr Buch könne nie ihre eigene Anwesenheit ersetzen. Deshalb wächst mit jedem Tag, da sie der Ewigkeit näherkommt, in ihr die Überzeugung: Nach meinem Tode werde ich erst richtig aktiv sein; mein verborgenes Erdenleben war nur Zeit der persönlichen Einübung in den Kleinen Weg, den ich nun bis an die Grenzen der Erde und bis ans Ende der Zeiten die Menschen lehren soll. Sie weiß, daß dieser Kleine Weg keiner von vielen möglichen Wegen zu Gott ist. Der Kleine Weg ist keine Hintertüre ins ewige Leben für jene, die die normalen Zugänge nicht finden. Nein, ihr Weg ist der Weg, der direkt zum Ziel führt.
Gute Lehrbücher sind wichtig; noch hilfreicher aber ist ein erfahrener und einfühlsamer Lehrer. Beides haben wir: Das Lehrbuch in der ,,Geschichte einer Seele", und in Therese selber die Lehrerin, die vor ihrem Sterben sagt: ,,Ich fühle, daß meine Mission bald beginnt, zu lehren, Gott so zu lieben, wie ich Ihn liebe und den Menschen meinen Kleinen Weg zu zeigen."
Sie kann uns aber nur dann unterweisen, wenn wir sie zu unserer Schwester machen und täglich in ihre Schule gehen. Alle Versprechen und kühnen Zusagen in ihren Abschiedsbriefen sind Angebote an uns. Nur wenn wir Therese beim Wort nehmen, erfahren wir auch, wie so viele vor uns und mit uns, daß sie zugegen ist, daß sie unsere Schwester ist, daß wir in ihr eine Lehrerin haben, die uns geduldig, aber auch energisch beibringt, was sie einst selbst gelernt und gelebt hat.
Lassen wir einige ihrer markanten Versprechen auf uns wirken und verstehen wir als persönliche Zusage, was sie z.B. ihrem Priesterbruder Abbé Bellière verspricht: ,,Ich werde meinem

kleinen Bruder ganz nahe sein, ich werde alles sehen, was er nötig hat und Gott keine Ruhe lassen, bis er alles gegeben hat, was ich will.... Sein Glaube wird die Anwesenheit seiner kleinen Schwester zu entdecken wissen... Ich verspreche Ihnen, nach meinem Abschied ins ewige Leben, Sie verkosten zu lassen, welches Glück es ist, eine Freundesseele in seiner Nähe zu fühlen... es wird ein geschwisterlicher Austausch sein".
Die Schwerpunkte ihres Novizenunterrichtes lauten: „Ich werde Sie... unterweisen, wie Sie über das stürmische Meer dieser Welt fahren müssen: Mit der Hingabe und Liebe eines Kindes, das weiß, daß sein Vater es liebt und es in der Stunde der Gefahr nicht allein lassen kann. Ach, wie möchte ich Ihnen die zarte Liebe des Herzens Jesu verständlich machen, das was Er von Ihnen erwartet... Ich wundere mich keineswegs, daß die Übung der Vertrautheit mit Jesus Ihnen schwer zu verwirklichen erscheint; das erreicht man nicht an einem Tag. Aber ich bin überzeugt, daß ich Ihnen weit mehr helfen kann, diesen herrlichen Weg zu gehen, wenn ich von meiner Hülle befreit bin..." Therese will uns erziehen, daß wir wie sie sagen können: „Ich hatte weder Führer noch Licht, außer dem einen in meinem Herzen!" Zu ihrer Schwester sagt sie: „Glaubt ja nicht, daß ich euch, wenn ich im Himmel bin, gebratene Tauben in den Mund fallen lasse. Auch ich habe das nicht gehabt, noch wünschte ich, das zu haben. Vielleicht stehen euch große Prüfungen bevor; aber ich werde euch Einsicht erbitten, daß ihr sie schätzen und lieben lernt." „Ich werde euch Erleuchtung schicken." „Alles was ihr nötig habt, werde ich Euch verständlich machen." Therese will lieben für alle, die im Kampfe stehen. Sie ist unsere Schwester, die in Freud und Leid mit uns geht, die uns aber auch bittet, mit ihr zu gehen, auf jene zuzugehen, die am meisten nach Gottes erbarmender Liebe hungern.
Ida Friederike Görres nannte Therese ‚Das Senfkorn von Lisieux'. Verborgen hat dieses kleinste aller Samenkörner gelebt, und unbeachtet von der Welt ist es gestorben. Aber das Senfkorn von Lisieux blieb nicht hinter Mauern verborgen. Es wurde ein großer, unübersehbarer Baum. Therese wurde weltweit bekannt; sie wurde die kleine Schwester vieler Menschen.
Die Philosophin Edith Stein, selbst Karmelitin unserer Zeit, bekennt: „Ich stehe hier vor einem Menschen, der total und auf ganz einzigartige Weise von der Liebe Gottes geprägt ist. Etwas

Größeres kenne ich nicht, und ich wünschte nur, auch ich könnte, soweit als möglich, etwas davon auf mein eigenes Leben und das Leben meiner Umgebung übertragen".

Benutzte und weiterführende Literatur

Adelkamp, Alfons W.: Jesus – unser Bruder. Die Christusgestalt der Therese von Lisieux. Kaffke Verlag 1978

Balthasar, Urs von: Therese von Lisieux. Geschichte einer Sendung. Hegner Verlag 1950

Görres, Ida F.: Das Senfkorn von Lisieux. Das verborgene Antlitz. Neue Deutung. Herder Verlag 1958

Herbstrith, Waltraud: Therese von Lisieux. Anfechtung und Solidarität. Kaffke Verlag 1974²

Therese von Lisieux. Meditationen im Alltag. Verlag der Schulbrüder 1973²

Heilige im Gespräch. Teresa von Avila. Therese von Lisieux. Kaffke Verlag 1977

Martin, Céline: Meine Schwester Therese. Herold Verlag 1961

Martin, Therese: Ich gehe ins Leben ein. Letzte Gespräche der Heiligen von Lisieux. Johannes Verlag 1979

Briefe. Johannes Verlag 1979

Six, Jean-Francois: Theresia von Lisieux. Ihr Leben wie es wirklich war. Herder Verlag 1976

Therese von Lisieux: Selbstbiographie. Johannes Verlag 1978⁸

Aus unserem Verlagsprogramm

Teresa von Avila – 400. Todestag
Karmel in Deutschland
160 Seiten, 95 Abbildungen, brosch.

Dieses Buch gibt einen Einblick in den teresianischen Karmel unserer Zeit in Deutschland. Sämtliche Konvente sowie verschiedene dem Orden aggregierte Institute und der »Karmel in der Welt« kommen in den jeweiligen Selbstdarstellungen zu Wort. Sie vermitteln etwas von dem Reichtum und der Mannigfaltigkeit des Erbes Teresas von Avila, zu deren 400. Todestag diese Schrift als eine Gemeinschaftsarbeit entstanden ist.
Der erste Teil enthält eine Einführung in die Geschichte und Spiritualität des Ordens bzw. Teresas. Karl Rahner SJ, Ulrich Dobhan OCD, Waltraud Herbstrith OCD u. a. vermitteln Denkanstöße, die zum Weiterlesen und Weiterdenken im Geiste Teresas anregen.

Waltraud Herbstrith
Edith Stein – Zeichen der Versöhnung
mit einem Geleitwort von Bischof Dr. Georg Moser
128 Seiten, 6 Abbildungen

Die Aufgabe der Versöhnung zwischen Christen und Juden ist noch nicht beendet. Ein großer Helfer auf diesem Weg ist Edith Stein, Jüdin und Christin, die ihr Leben im Zeichen der Versöhnung gelebt hat.

Waltraud Herbstrith – Meinrad J. Lehmann
Dein Antlitz suche ich
Bild- und Meditationsband. Einführung: Prof. Dr. Alfons Deißler.
62 Seiten, kart.

Die ausdrucksstarken Bilder des Pfarrers und Künstlers Meinrad J. Lehmann und die hervorragenden Meditationstexte von Waltraud Herbstrith wollen den Lesenden und Schauenden an das Geheimnis Jesu Christi heranführen.

Augustin Schmied
Was spricht für uns?
Betrachtungen zur Geschichte und Botschaft Jesu
160 Seiten, kart.

Die 22 kurzen Besinnungen dieser Schrift kreisen um das »Zeichen«, das Jesus Christus ist: in seiner Person, in seinem Verhalten und Wirken, in seinem Sterben und in seiner Lebendigkeit durch den Tod hindurch.

Fordern Sie bitte das neue Gesamtverzeichnis an.
Verlagsgesellschaft Gerhard Kaffke München
Postfach 112, 8000 München 65

Aus unserem Verlagsprogramm

W. Herbstrith (Hrsg.)
Teresa von Ávila — Martin Luther
Große Gestalten kirchlicher Reform

Reihe Edith-Stein-Karmel, Tübingen, Band 12, 148 Seiten, broschiert.

Ein bisher wenig beachteter Aspekt sind die grundlegenden und konfessionsüberschreitenden Gemeinsamkeiten der religiösen Reformaufbrüche des 16. Jahrhunderts, wie sie hier am Beispiel von Teresa von Ávila und Martin Luther zur Sprache kommen.

W. Herbstrith
Teresa von Ávila
Die erste Kirchenlehrerin

Reihe Edith-Stein-Karmel, Tübingen, Band 7, 168 Seiten, 16 Abbildungen, 4. Auflage, broschiert.

Das Standardwerk zur Einführung in Leben und Werk der heiligen Teresa! Neben der prägnanten Darstellung von Leben und Lehre Teresas von Ávila enthält der Band eine Auswahl aus ihren Briefen und Gedichten, Zeugnisse von Christen und Nichtchristen zu ihrem Wirken, Literaturangaben und eine Zeittafel.

W. Herbstrith
Vor Gottes Angesicht
Beten mit Teresa von Ávila

Reihe Edith-Stein-Karmel, Tübingen, Band 8, 104 Seiten, broschiert.

Nach eingehender Behandlung des existentiellen Betens bei Teresa kommt die Heilige selbst zu Wort. Aus ihren Texten wird die tiefe Dynamik zwischen Gehorsam und Freiheit sichtbar, die ihre persönliche Gottes- und Christusbeziehung geprägt hat. Es zeigen sich aber auch Krisen und leidvolle Gotteserfahrungen, die Teresa nur durch konsequentes Ausharren überwindet. Darin kann sie uns Vorbild sein.

W. Herbstrith (Hrsg.)
Zeugen der Wahrheit
Reihe Edith-Stein-Karmel, Tübingen, Band 2, 176 Seiten, broschiert.

26 große Gestalten des Christentums, wie z.B. Benedikt von Nursia, Franz von Assisi, Teresa von Ávila, Martin Buber, Papst Johannes XXIII., Edith Stein, werden in kurzer und prägnanter Form vorgestellt.

Kaffke-Verlag · Postfach 371 · 8750 Aschaffenburg